AF449179

mario merz
domenico bianchi

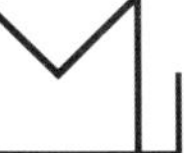

Domenico Bianchi Mario Merz

Bari, Castello Svevo
30.04-30.06.2004

Comune di Bari
Assessorato alla Cultura e al Turismo per il Mediterraneo

Sindaco
Simeone di Cagno Abbrescia

Assessore alla Cultura
Angiola Filipponio Tatarella

Assessorato alla Cultura
Giuseppe Colapietro, direttore
Flavia Russo, funzionario

In collaborazione con
With the collaboration of
Soprintendenza per i Beni Architettonici e per il Paesaggio della
Puglia

Soprintendente
Gian Marco Jacobitti

Direttore del Castello Svevo
Annamaria Lorusso

Ufficio Stampa e pubbliche relazioni
Rosa Grittani
Claudio Migliardi
Annamaria Sisto Vianelli

ISBN 88 7757 186 1
© 2004 hopefulmonster, Torino

Printed in Italy

Mostra a cura di
Exhibition curated by
Ludovico Pratesi

In collaborazione con
With the collaboration of
Costantino D'Orazio
Fondazione Merz, Torino

Organizzazione generale
General organization
Romano Exhibit, Bari
Associazione Futuro, Roma

Progetto allestimento di Mario Merz, *Senza titolo*, 1998
Mario Merz, Without title, *1998 exhibition project by*
Mariano Boggia, Torino

Trasporti
Transport
Gondrand, Torino

Assicurazione
Insurance
Ina Assitalia

Si ringraziano
Thanks to
Benedetta Acciari, Mariangela Azzone, Marilena Bonomo,
Mariangela Lo Zupone, Paola Bibbò, Carlo Gentile, Vito Marzulli

Per le opere in mostra di Domenico Bianchi si ringraziano la
Galleria Christian Stein, Milano, e i prestatori privati
*We wish to thank the Galleria Christian Stein, Milan, and private
lenders for the works exhibited by Domenico Bianchi*

Catalogo a cura di
Catalogue by
Costantino D'Orazio

Testo di
Text by
Ludovico Pratesi

Apparati
Technical cards
Sandra Urbani Bianchi
Costantino D'Orazio
Archivio Merz, Torino

Traduzioni
Translations
Alexander Martin, Torino

Grafica e impaginazione
Graphic design and page layout
hopefulmonster, Torino

Crediti fotografici
Photographic credits
Claudio Abate, Roma; Aurelio Amendola, Pistoia; Mimmo Capone,
Roma; Michele D'Ottavio, Torino; Beppe Gernone, Bari; Salvatore
Licitra, Milano; Rafael S. Lobato, Madrid; Mancia/Bodmer, Zürich;
Attilio Maranzano, Roma; Maniscalco, Milano; Nanda Lanfranco,
Genova; WM. Nettles Photog., Los Angeles; Paolo Pellion di
Persano, Torino; Georg Rehsteiner, Vufflens-le-Château; Roberto
Tartaglione, Bari; Luciano Viti, Roma; L.A. Louver Gallery, Venice,
California; Museo d'Arte Contemporanea Castello di Rivoli;
Sperone Westwater Gallery, New York; Stedelijk Museum,
Amsterdam

Fotolito
Photolithography
FB, Torino

Stampa
Printing
Garabello Artegrafica, San Mauro Torinese, giugno/*June* 2004

mario merz
domenico bianchi

Sono felice di poter presentare le opere di Mario Merz e Domenico Bianchi, due artisti di fama internazionale, allestite presso il Castello Svevo in occasione della nuova edizione di Art&Maggio.
Fin dalla sua nascita, la manifestazione si è caratterizzata per la proposta di progetti artistici di largo respiro che hanno coinvolto i luoghi più suggestivi della città. Dopo i contributi di Sol LeWitt e Mimmo Paladino nel 2003, abbiamo voluto proseguire con la creazione di un dialogo tra le opere di altri due significativi artisti italiani. L'igloo del maestro Merz, che campeggia nel cortile interno del Castello, proietta l'orizzonte culturale di Bari in una dimensione artistica di respiro internazionale, alla quale risponde l'installazione pensata da Bianchi nella Sala Angioina: una visione di grande forza spirituale.

I segni dei due artisti costituiscono una importante tappa del cammino iniziato dalla nostra città verso la definizione di una rinnovata consapevolezza della propria identità culturale contemporanea, di cui Art&Maggio costituisce una delle espressioni più efficaci e significative

Nel ringraziare la Soprintendenza per i Beni Architettonici e per il Paesaggio della Puglia per aver accolto con entusiasmo le opere di Bianchi e Merz, la mia riconoscenza va anche alla Fondazione Merz di Torino che ha collaborato in maniera fondamentale per realizzare questo progetto, un desiderio che la città aveva espresso già da diverso tempo, finalmente divenuto realtà.

Prof.ssa Angiola Filipponio Tatarella
Assessore alla Cultura e allo Sport del Comune di Bari

I am pleased to be able to present the works of Mario Merz and Domenico Bianchi, two artists of international renown. The works are on show at the Castello Svevo for the new edition of Art&Maggio. Since the very beginning of this event, it has been characterised by far-reaching artistic projects located in the most attractive sites of the city. Following contributions by Sol LeWitt and Mimmo Paladino in 2003, our intention has been to proceed with the creation of a dialogue between the works of two other leading Italian artists. The igloo, by Mario Merz, which stands in the inner courtyard of the castle, projects Bari's cultural outlook towards an artistic dimension of international standing; a response to this work comes from Bianchi's installation in the Sala Angioina. It is a vision of great spiritual impact.

The mark left by the two artists represents an important step forward in our city's search for a renewed awareness of its contemporary cultural identity, and Art&Maggio is one of the most effective and important events to be leading this search.

I wish to thank the Soprintendenza per i Beni Architettonici e per il Paesaggio della Puglia for its enthusiastic welcome of Bianchi and Merz's works; my thanks also go to the Fondazione Merz of Turin, crucial in carrying out this project, the desire for which the city had already expressed some time ago, and which has now become reality.

Dr Angiola Filipponio Tatarella
Assessore alla Cultura e allo Sport del Comune di Bari

Energie, luci, opere.
Domenico Bianchi e Mario Merz

Ludovico Pratesi

1. Energie

L'arte di Mario Merz si nutre di energia. Un'energia che è insieme tensione e armonia, attualità e archetipo, simmetria e disordine, stasi e rivoluzione. È l'energia che si sostanzia nella forma dell'opera. Una forma che è insieme causa ed effetto della tensione che l'artista stabilisce tra l'idea dell'opera e il luogo che la ospita.

Gli elementi che compongono le opere di Merz appartengono alla memoria dell'uomo. Una memoria storica ma nel contempo quotidiana. Ancestrale ma presente. Animali, frutta, vetri, pietre, giornali, numeri, fascine legate come usano i contadini in campagna, secondo un procedimento nato dall'antica saggezza dell'addomesticare la natura. Ogni oggetto possiede il suo *ubi consistam*, è il frammento di un mosaico costituito dall'opera. Un mosaico di segni, preciso come la sinopia di un affresco rinascimentale.

Le opere di Mario Merz si trovano al di là del tempo. Vivono di sospensione, come i dipinti metafisici di Giorgio de Chirico. Ma a differenza di questi ultimi, si impongono nello spazio fisico per trasformarlo in un luogo mentale. Un *locus mentis* dove il tempo diventa mitologico. Dove il simbolo torna a scatenare la sua energia primordiale.

Energy, light, and works
Domenico Bianchi and Mario Merz

Ludovico Pratesi

1. Energy

Mario Merz's art feeds on energy. This energy is one of tension and harmony, novelty and archetype, symmetry and disorder, stagnation and revolution. It is an energy that acquires substance in the shape of the work, a shape that is both the cause and effect of the tension the artist establishes between the idea of the work and the place in which it stands.

The elements that create Merz's works belong to the memory of man. This memory is historical yet at the same time of relevance today; it is ancestral yet present. There are animals, fruit, glass, stone, newspapers, numbers, and sticks tied together in bundles just like peasants used to do, following a procedure that originated from the ancient wisdom of domesticating nature. Every object has its own *ubi consistam*, and is the fragment of a mosaic created by the work. Symbols form the mosaic, which is as precise as the sinopia of a Renaissance fresco.

The works of Mario Merz exist beyond time. They exist in suspension, just like the metaphysical paintings of Giorgio de Chirico. Yet unlike these, they impose their presence in the physical space to transform it into a mental location, a *locus mentis* where time becomes mythological, and where the symbol once again releases its primordial energy.

2. Luci

I quadri di Domenico Bianchi inseguono la luce. Per catturarla, e trasformarla in un'icona. Immagine che nega se stessa per tornare alla sua origine di fonte luminosa. L'oro che avvolge le figure delle icone le smaterializza, proiettandole in una dimensione spirituale. Segna un orizzonte luminoso tra il noto e l'ignoto. Il conoscibile e l'inconoscibile. Uno schermo impalpabile che ci suggerisce la vera natura della divinità, e la nostra incapacità di definirla. Sia con le parole sia con le immagini.

Luce che si fa linguaggio, nelle opere di Bianchi. Che scaturisce dalla relazione che l'artista instaura con i materiali della pittura, dal supporto al colore, dal segno alla materia. Per costruire l'architettura di forme pure. Nel contempo, luce come fonte di conoscenza. Attributo e archetipo della divinità. Simbolo intangibile della presenza di un'energia spirituale, alla quale l'essere umano ha attribuito significati religiosi. Senza mai smentirne la natura, ma semplicemente nominandola.

Cere, colori, legni, materiali preziosi. Uno dei punti forti della ricerca di Bianchi sta nel fatto di aver mantenuto un registro costante nel tempo, attraverso un approfondimento continuo delle sue ragioni più fondanti. I suoi quadri, privi di titolo, si inseriscono nella linea dell'astrattismo, memori della lezione di artisti come Rothko, Reinhardt, Ryman o Fontana. Essi vivono di un rigore che si è fatto dapprima sapienza, e poi epifania. Epifania di forme assolute, che nel loro matrimonio con le materie si caricano di significati difficilmente definibili in maniera oggettiva. "Et quid amabo nisi quod aenigma est?"

2. Light

The paintings of Domenico Bianchi seek out light. In order to capture and transform it into an icon. The image denies itself so as to return to its origin of light source. The gold that surrounds the figures of the icons dematerialises them, thus projecting them into a spiritual dimension; it defines the luminous horizon of what is known and unknown, what can be known and what can not. It is like an invisible screen that suggests the real nature of divinity and our inability to define it, be it with words or with images.

Light is the language of Bianchi's work. It comes out of the artist's rapport with painting materials, be they supports, colours, symbols or matter, which are then used to create architecture of pure forms. At the same time, light is a source of knowledge. It is an attribute and archetype of divinity, an intangible symbol of the presence of spiritual energy, which the human mind has given religious meaning to. Its nature in this sense has never been disclaimed, merely nominated.

Wax, colour, wood, and precious materials. One strongpoint of Bianchi's research lies in his having maintained a constant register over time, by means of a continual examination of his underlying arguments. His paintings, without titles, fit in with abstractionism, following the teachings of artists such as Rothko, Reinhardt, Ryman, and Fontana. They live with a rigour that first becomes knowledge, and then epiphany. An epiphany of absolute forms, which in their marriage with the materials become loaded with meanings that are objectively difficult to define. "Et quid amabo nisi quod aenigma est?"

3. Opere

"Spostandoli, gli oggetti si autodifferenziano", dice Mario Merz. Così quest'opera, realizzata nel 1998 ed esposta la prima volta nel parco della Fondazione Serralves di Porto l'anno seguente, in occasione di una mostra personale dell'artista, viene presentata oggi nel cortile del Castello Svevo di Bari. Un luogo carico di memoria storica che costituisce parte integrante dell'identità culturale del capoluogo pugliese, attraverso le modificazioni architettoniche occorse all'edificio nel corso dei secoli. L'opera ha l'aspetto di un igloo, composto da una struttura di pali metallici sormontata da un cervo, che reca su un fianco cinque numeri realizzati con tubi di neon. All'interno dell'igloo l'artista ha realizzato un igloo più piccolo rivestito di fascine, che ricorda quelle capanne costruite dai contadini per ripararsi dalle intemperie. La presenza del cervo, abbinata alla serie numerica di Fibonacci, rimanda sia all'idea della circolarità del tempo che ai riti generativi dell'energia della natura, sottolineata dalle corna dell'animale, che si rinnovano periodicamente. Un riferimento presente non soltanto, come è noto, nella cultura paleocristiana, dove il cervo alla fonte simboleggia l'anima umana alla ricerca della sorgente divina, ma anche nelle mitologie di altri popoli, più lontani. Nella cultura della tribù pellirossa Pawnee il cervo è l'annunciatore della luce del giorno, mentre nella simbologia celtica è associato al dio dell'abbondanza Cernunnos, "colui che ha la cima del cranio come un cervo".

Sulla parete della Sala Angioina, al primo piano del Castello, si trova il lavoro di Domenico Bianchi, realizzato appositamente per l'occasione. Si tratta di un'installazione composta da undici opere disposte in modo tale da formare una sorta di grande croce, animata dalle diverse sfumature di colore che caratterizzano i materiali dei singoli elementi, dal legno alla cera, dal palladio alla fibra di vetro. Una sorta di tessuto cromatico che ricorda le tarsie del Rinascimento, qui evocate da una trama geometrica composta da forme astratte che suggeriscono rapporti chiaroscurali e materici in grado di dialogare alla pari con le linee architettoniche pure ed essenziali dello spazio storico che le ospita. La struttura dell'installazione è stata espressamente suggerita dall'artista nel desiderio di ricordare l'intima dimensione spirituale dell'arte di Mario Merz.

3. Works

"By moving them, the objects self-differentiate themselves", says Mario Merz. So this work, made in 1998 and exhibited for the first time in the park of the Serralves Foundation of Porto the following year during a personal exhibition by the artist, is today presented in the courtyard of the Castello Svevo in Bari. The place is loaded with historical memory, an integral part of the cultural identity of the Apulian capital, given the architectural alterations made to the building over the centuries. The work has the form of an igloo, made of a structure of metal stakes surmounted by a stag with five numbers made with neon tubes on its side. Inside the igloo the artist has made a smaller igloo covered with faggots to recall the huts built by peasants as shelter from the elements. The presence of the stag with the Fibonacci number sequence takes us back to the concept of the circularity of time and the generative rituals of nature's energy, emphasised by the animal's horns, which grow again periodically. This reference is not only present, as is known, in palaeo-Christian culture, where the stag initially symbolises the human spirit in search of the divine source, but also in the mythology of other, more distant, peoples. For the Pawnee redskins the stag announces the day, whereas in Celtic symbolism it is associated to the god of abundance, Cernunnos, or "stag head".

On the wall of the Sala Angioina, on the first floor of the castle, is the work of Domenico Bianchi made especially for the occasion. It is an installation made of eleven works arranged to create a sort of large cross, animated by various shades of colour that characterise the materials of the individual elements, including wood, wax, palladium, and glass fibre. The installation is a sort of chromatic fabric that recalls the tarsias of the Renaissance, here evoked by a geometric theme made of abstract shapes that suggest chiaroscuro and material rapports capable of conversing, on equal terms, with the pure and simple architecture of the historical location in which it is set. The structure of the installation has been purposefully suggested by the artist in his desire to recall the intimate spiritual dimension of Mario Merz's art.

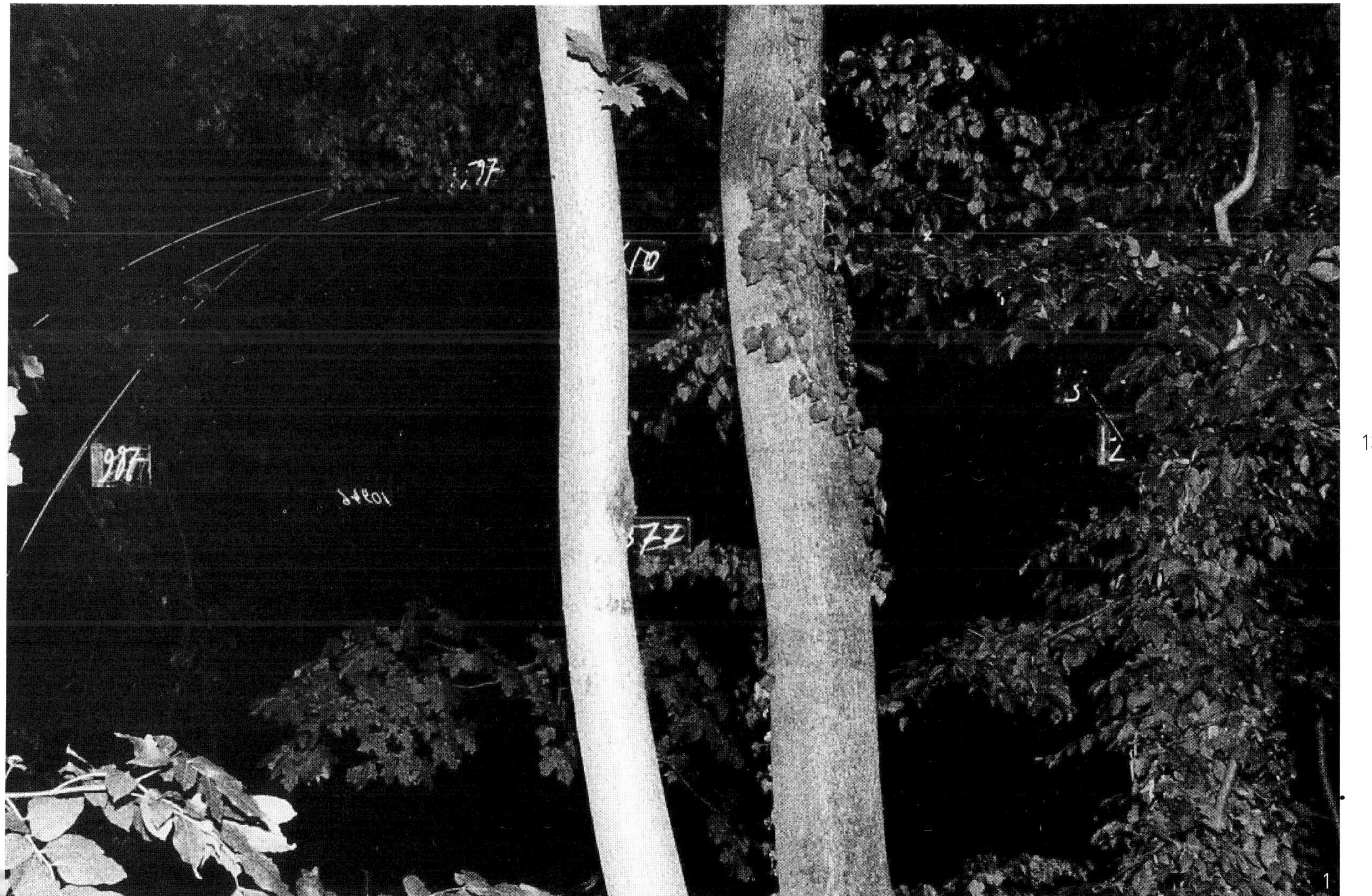

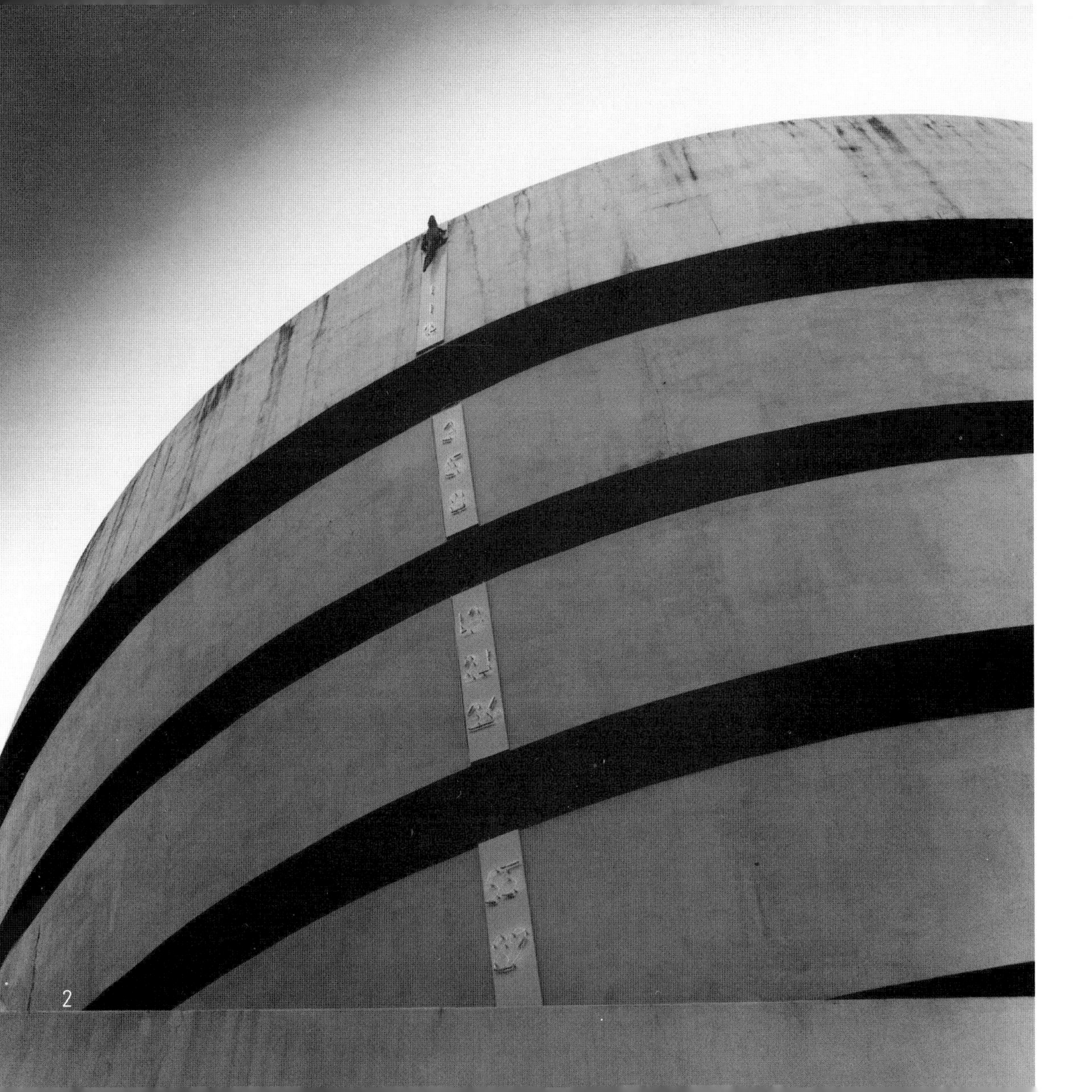

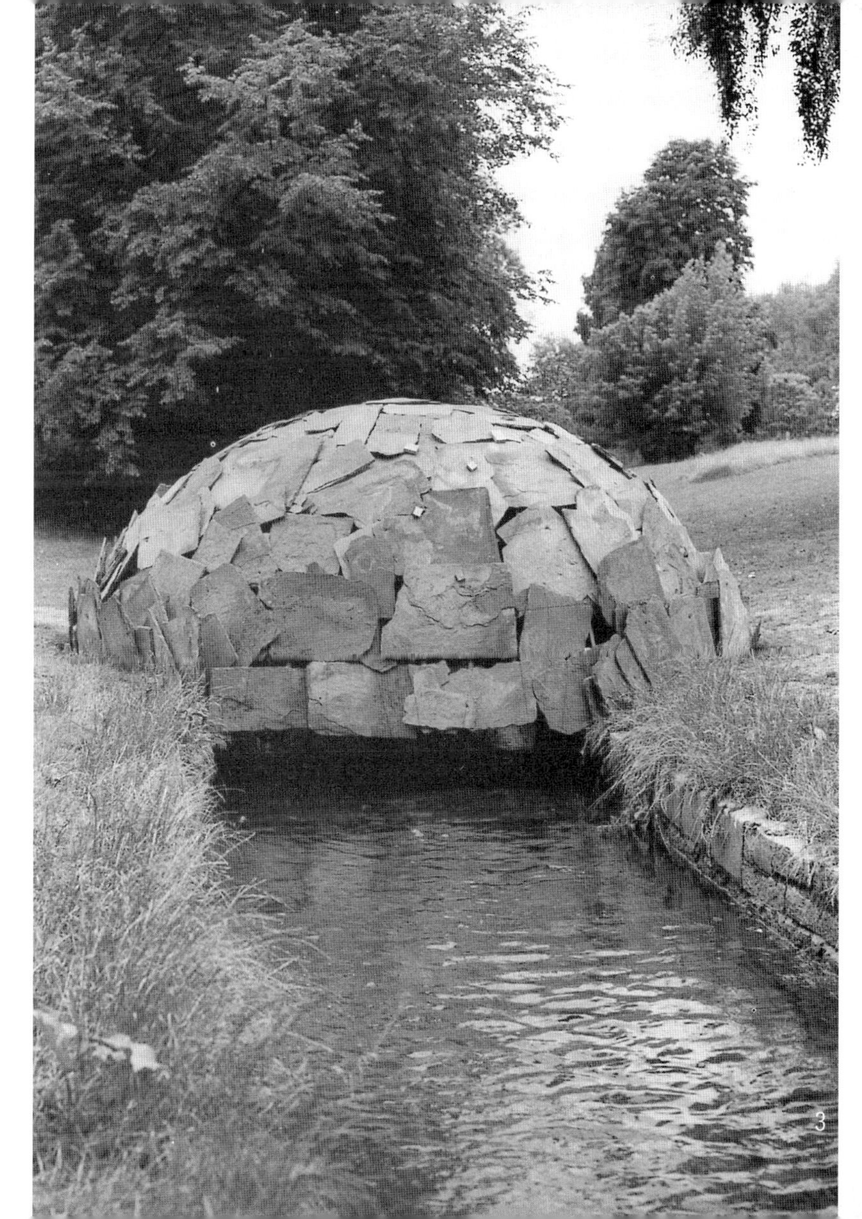

15

3

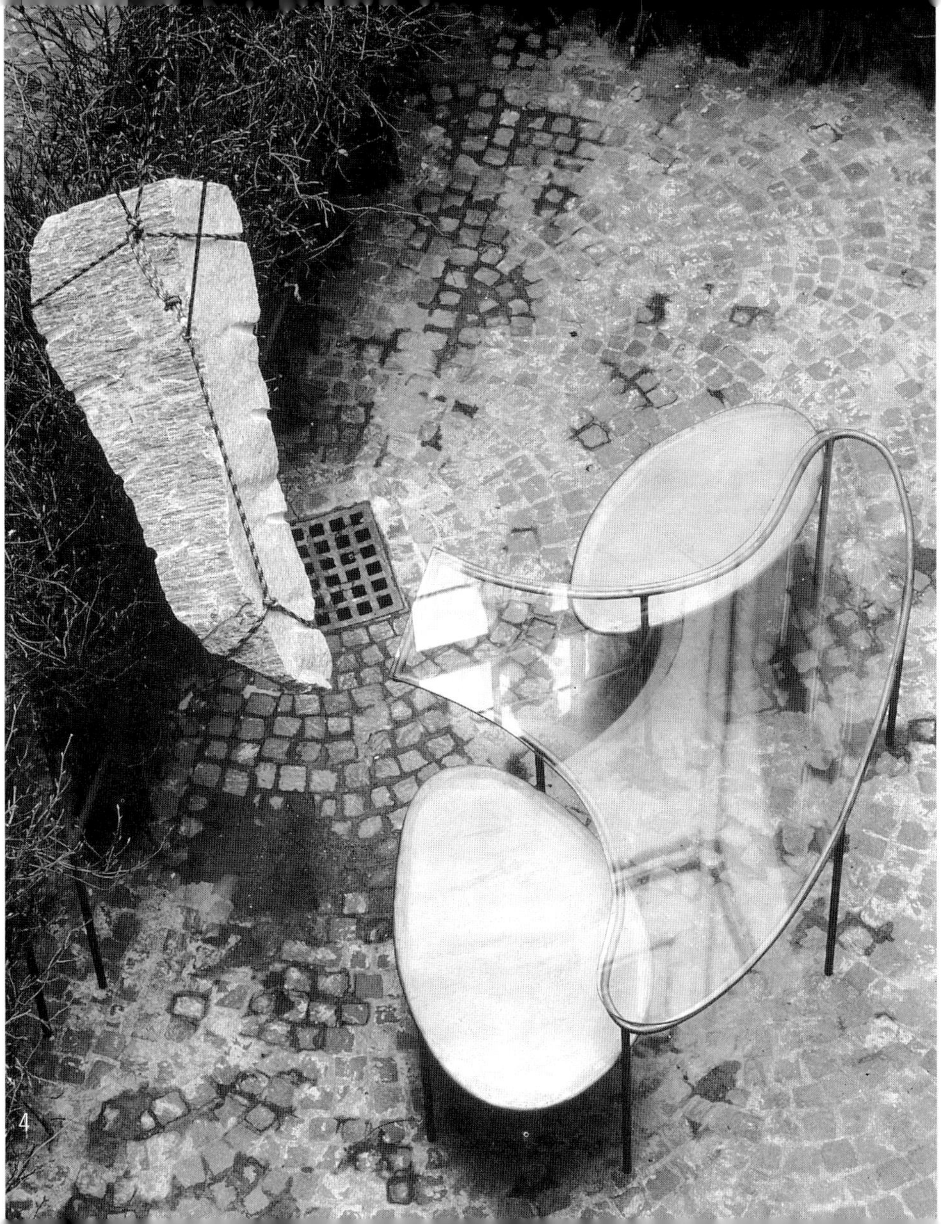

4

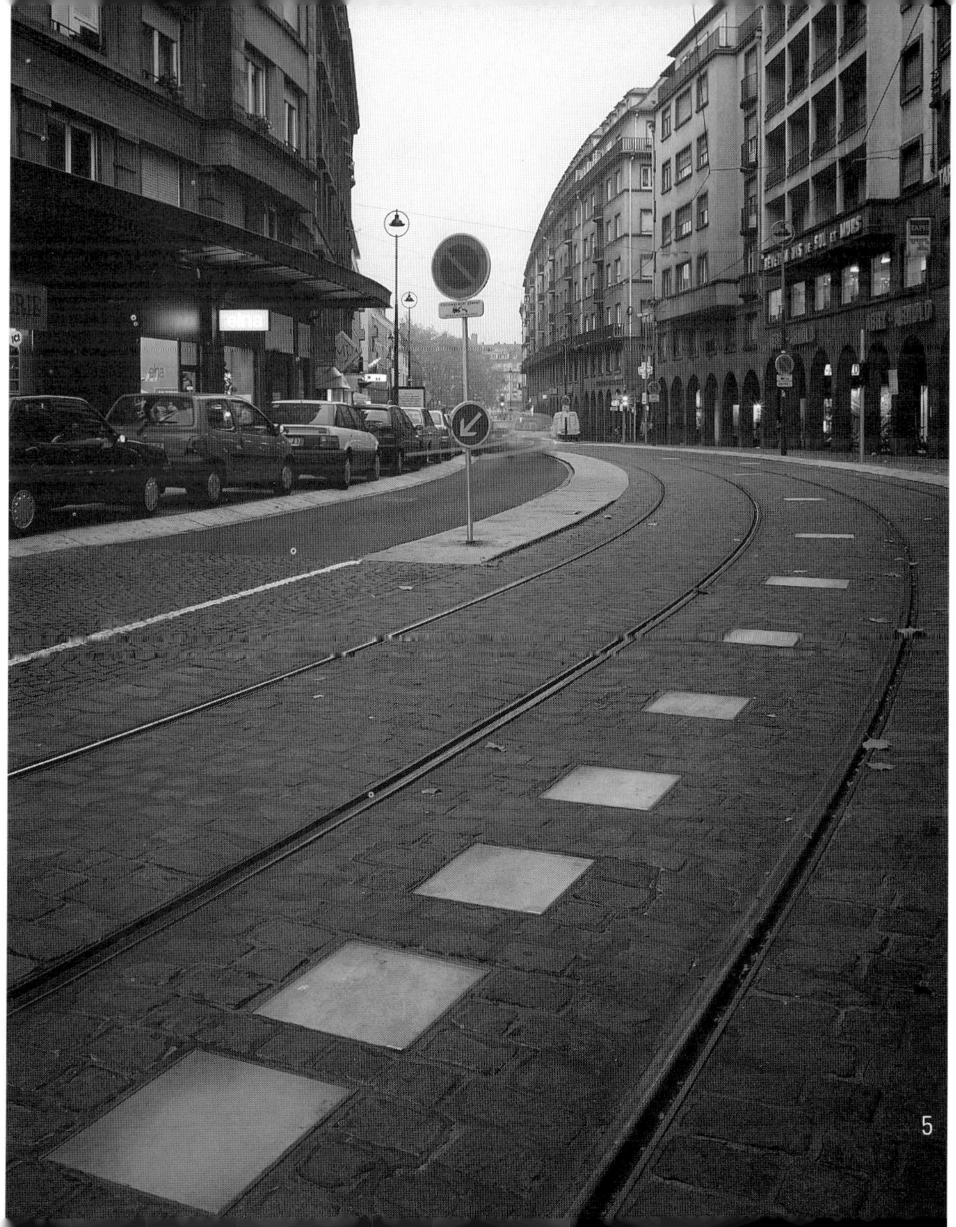

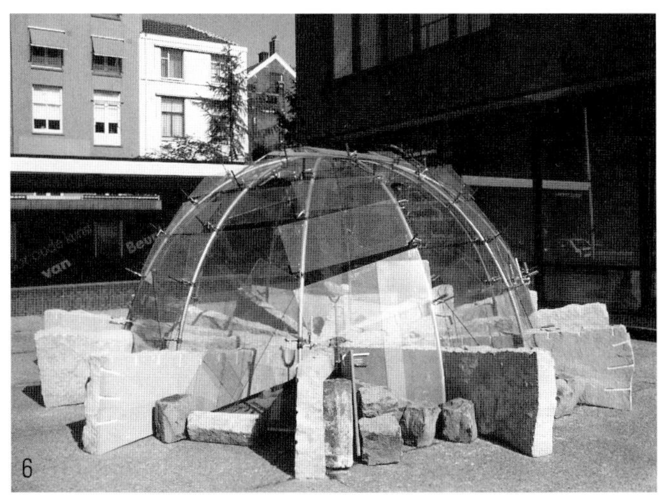

6

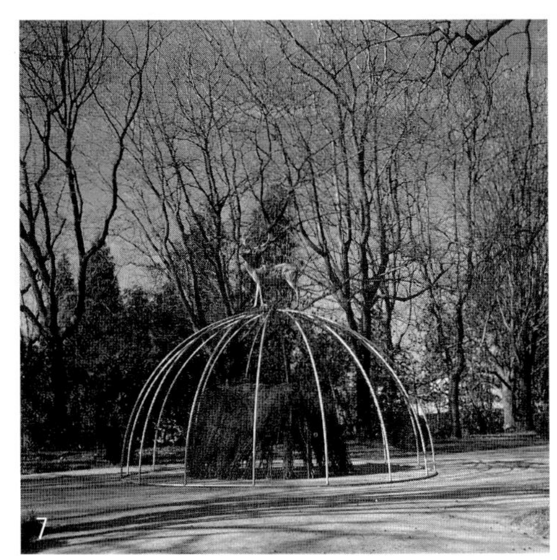

7

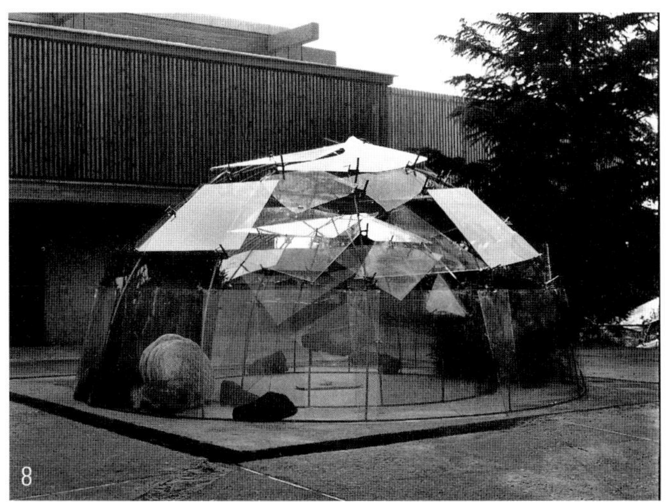

8

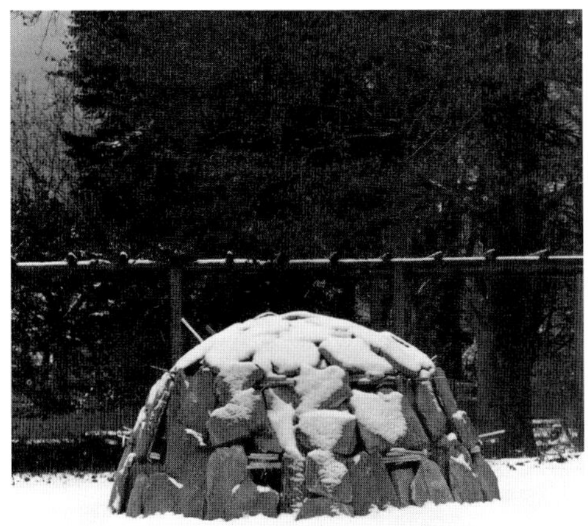

9

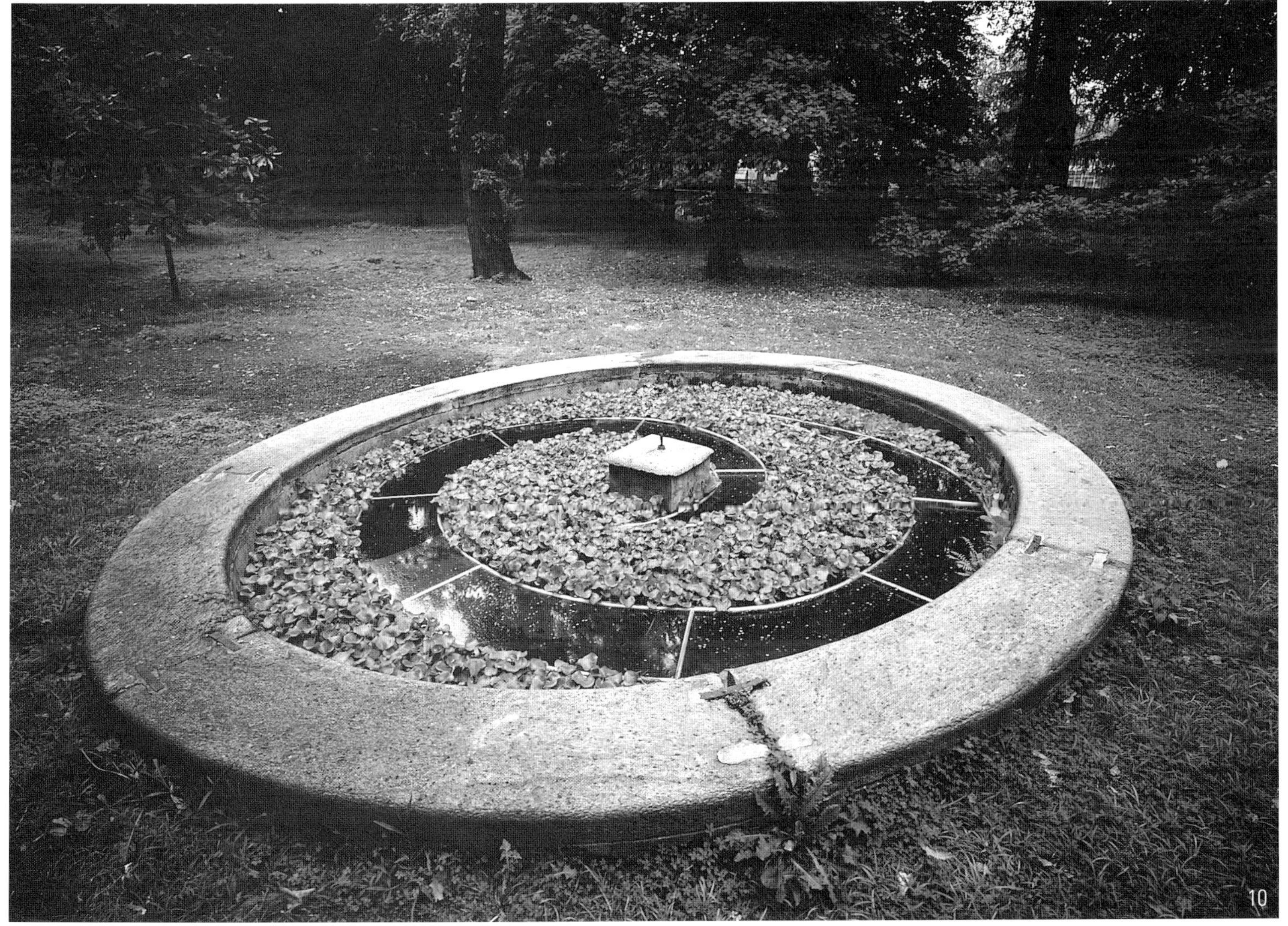

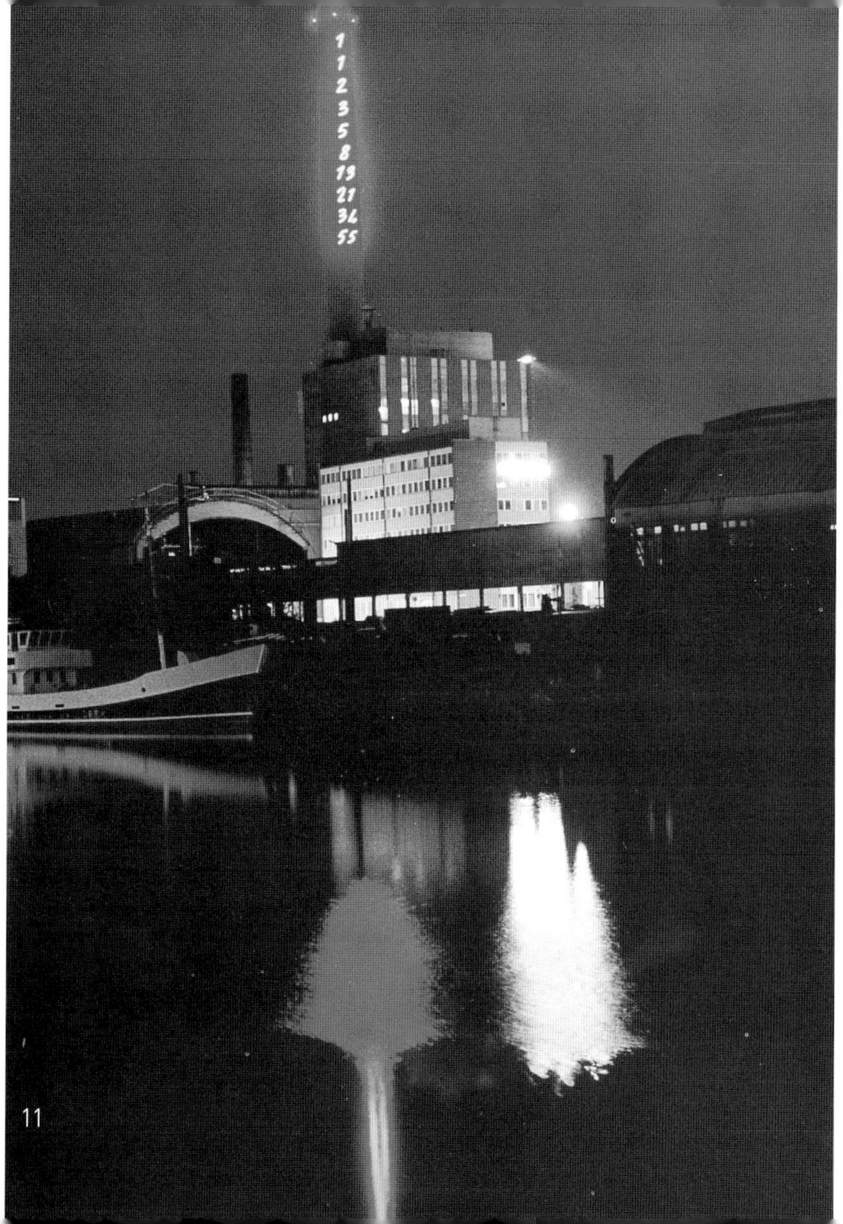

11

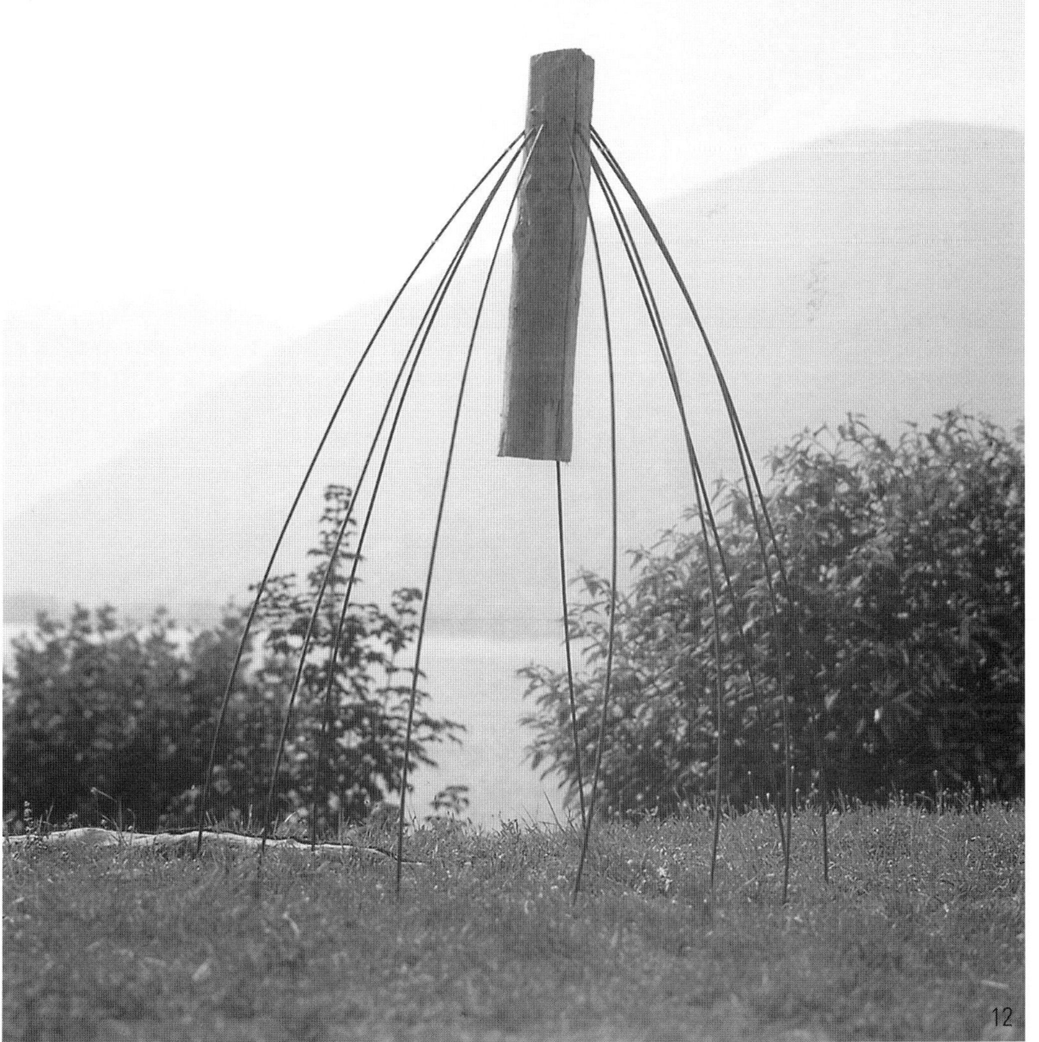

22

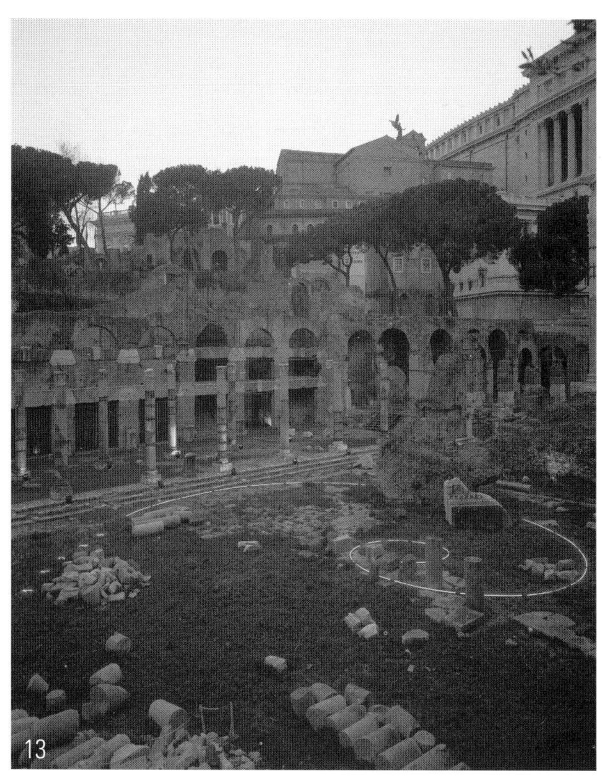

13

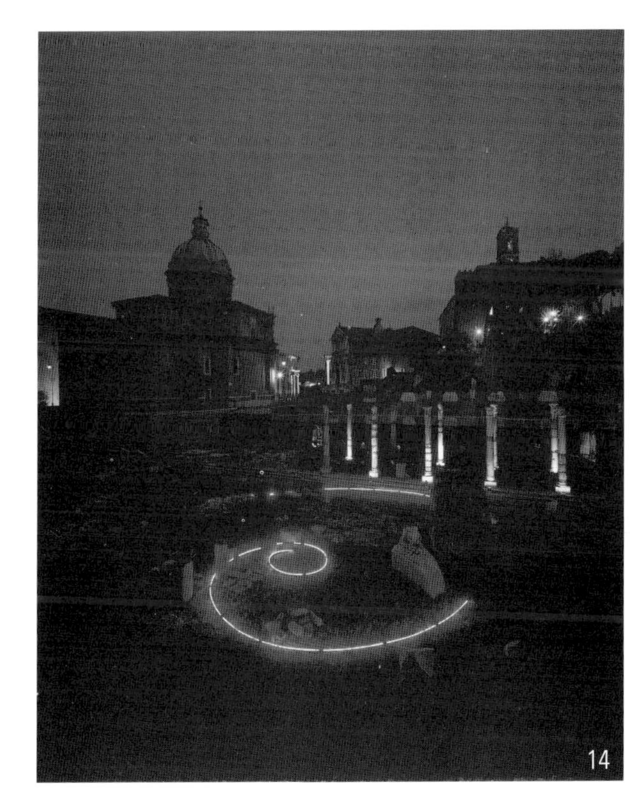

14

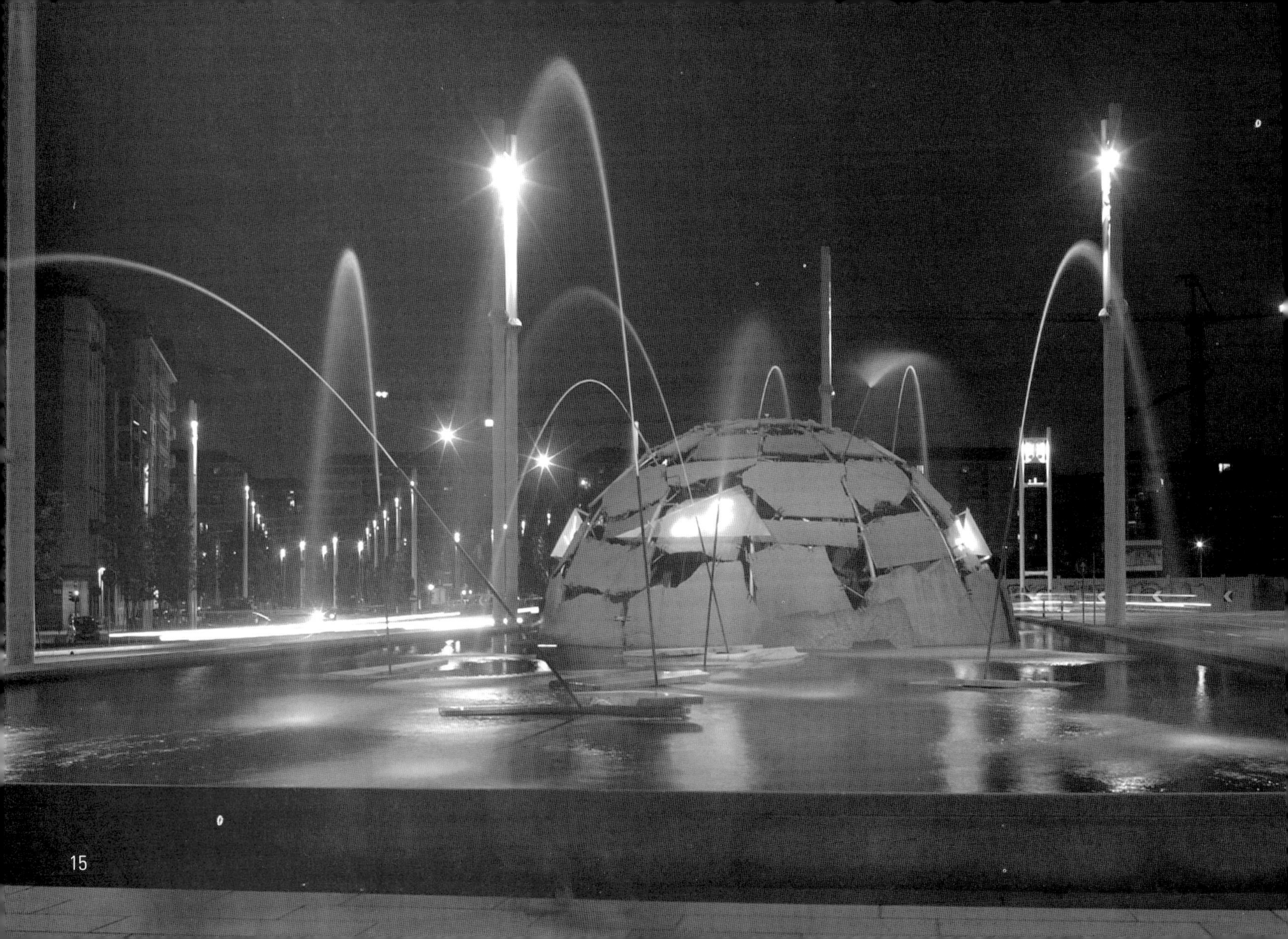
15

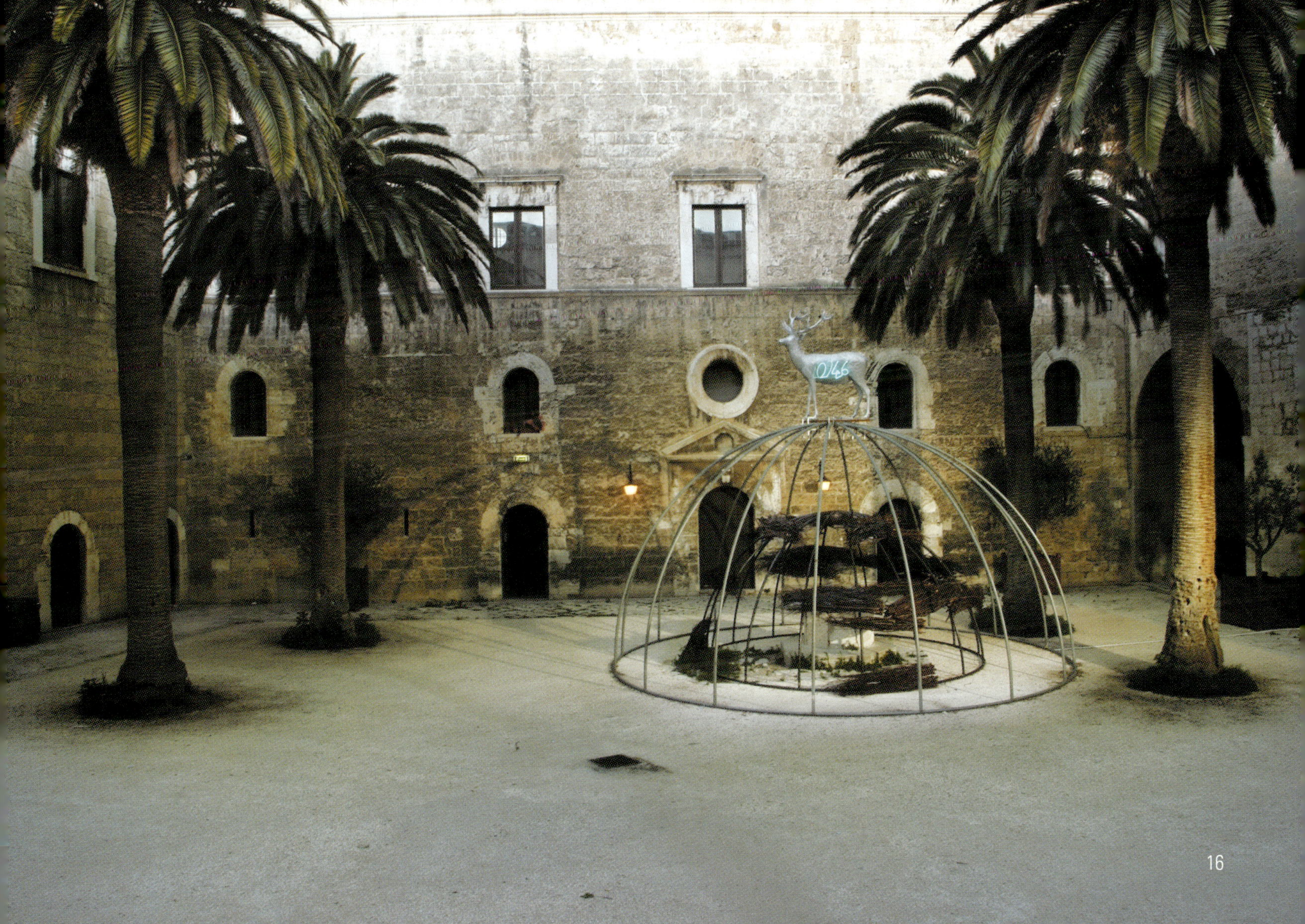

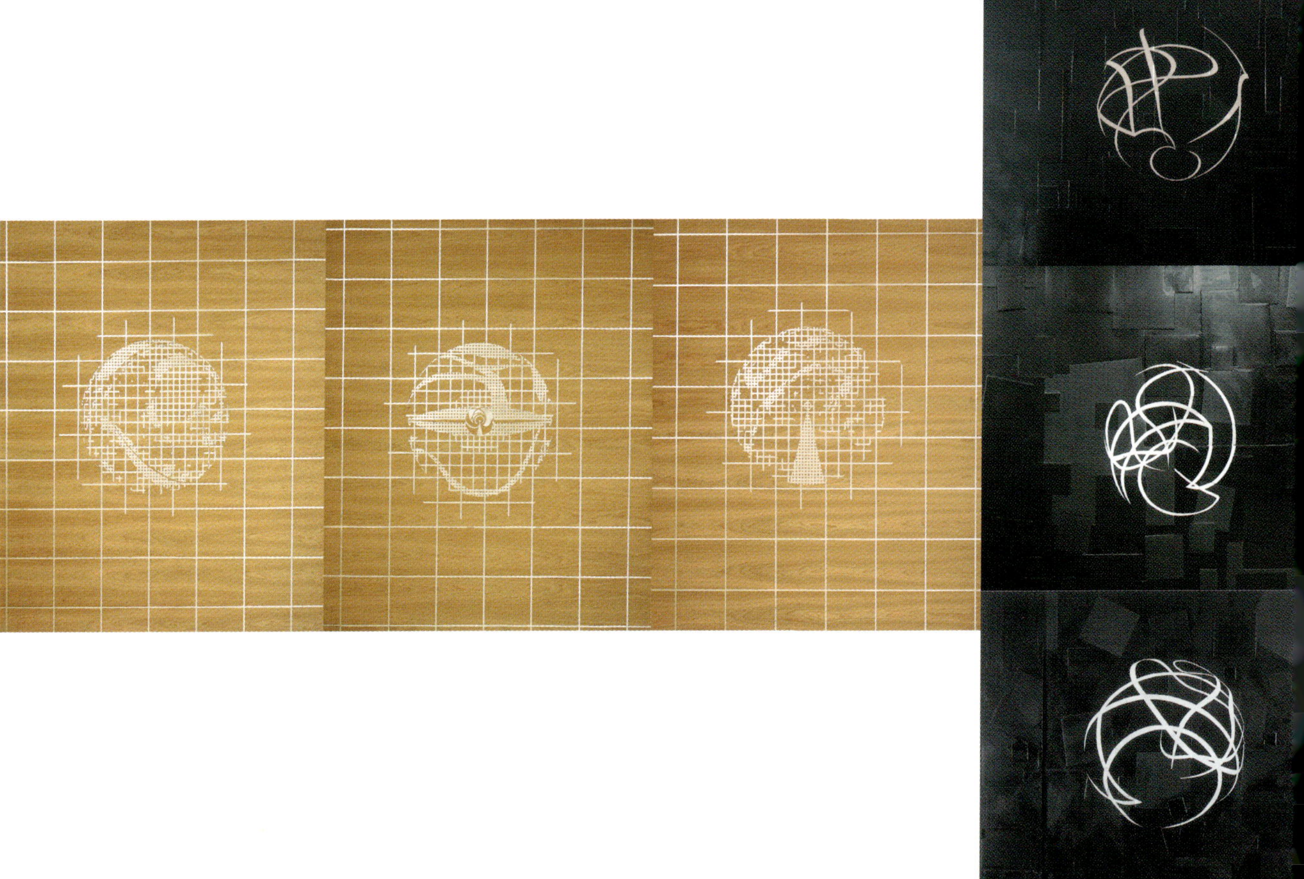

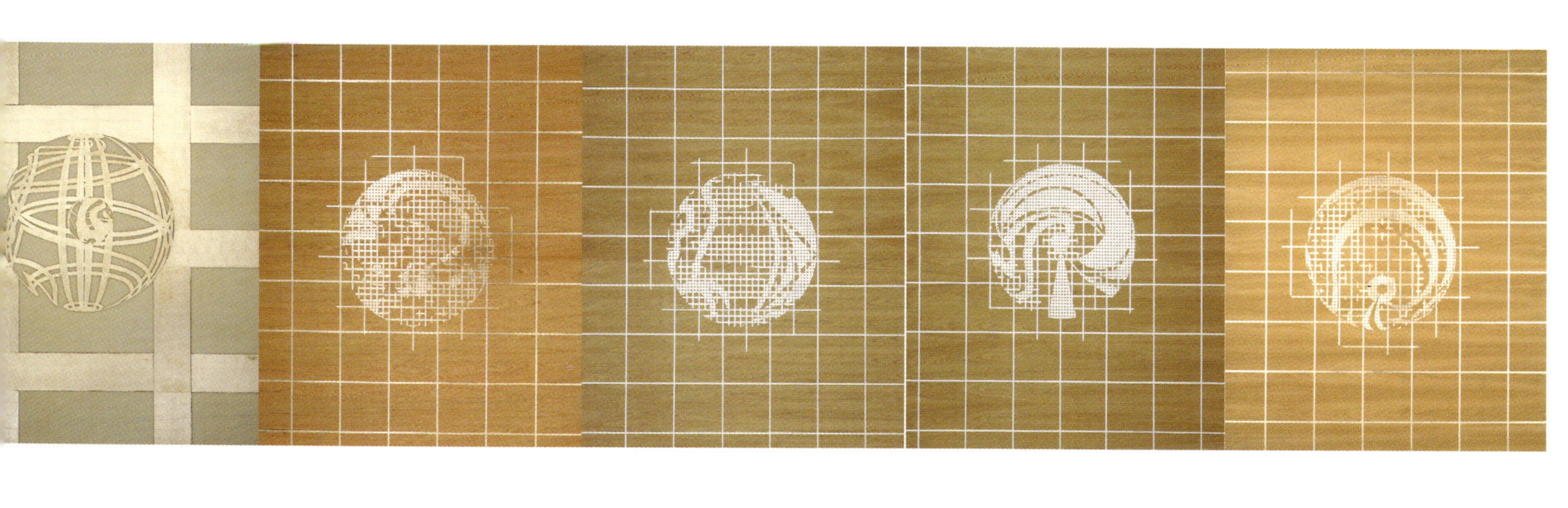

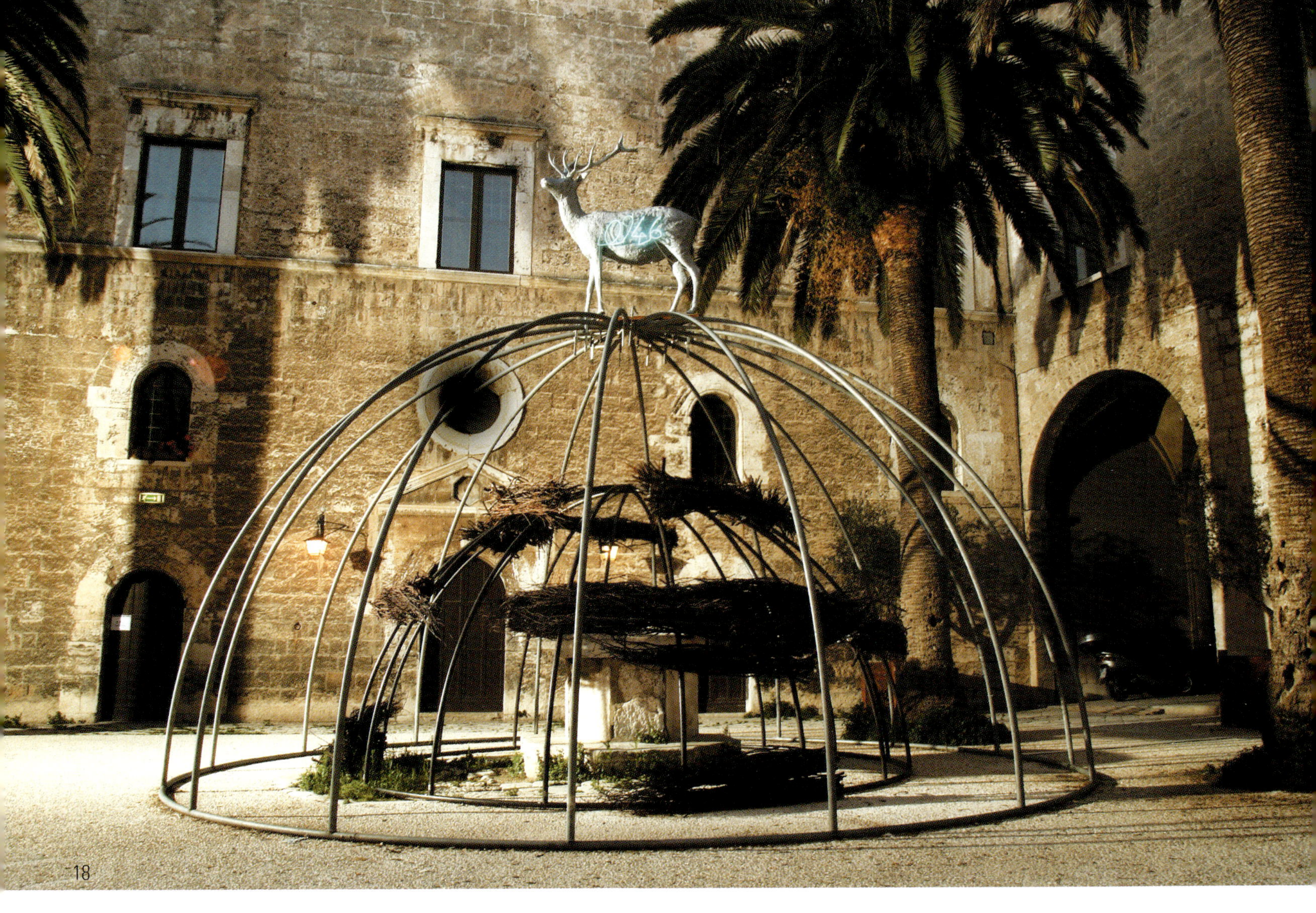

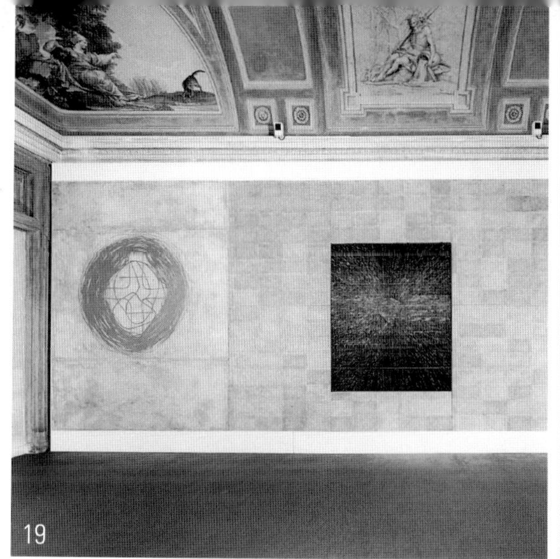

19

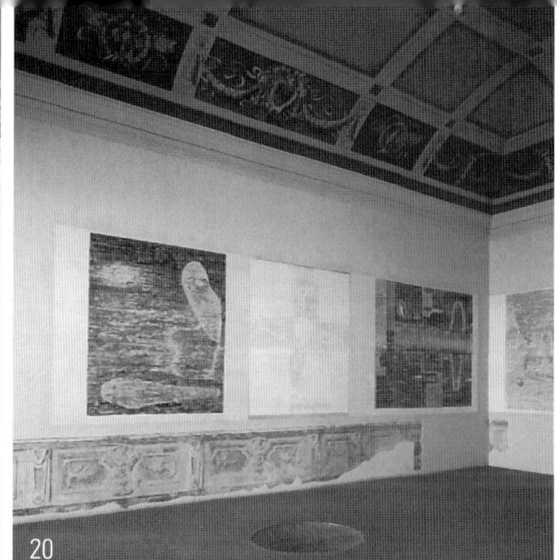

20

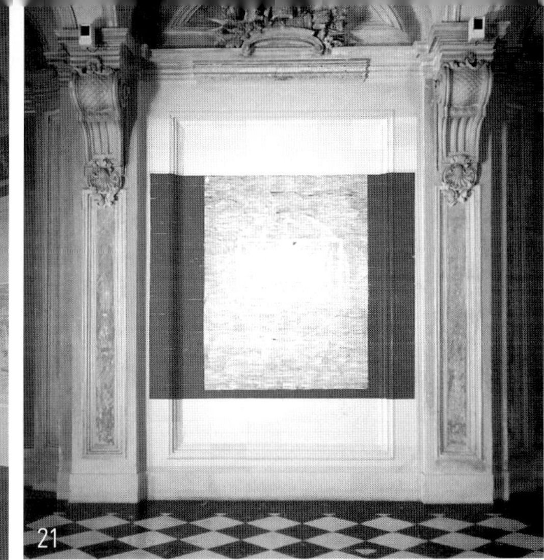

21

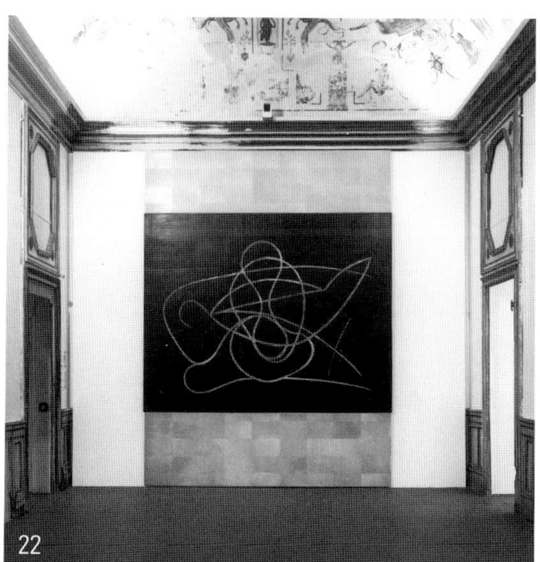

22

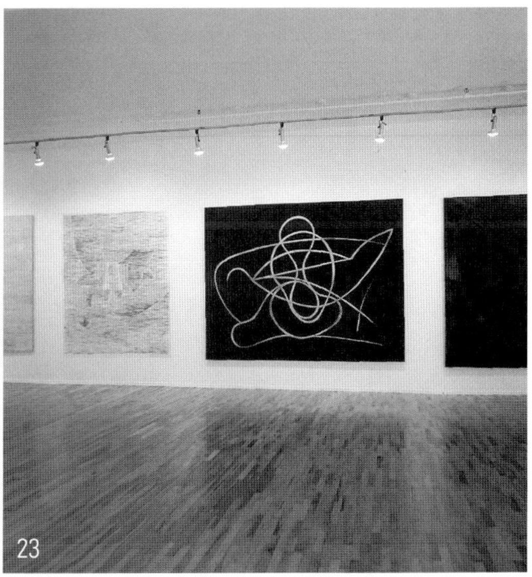

23

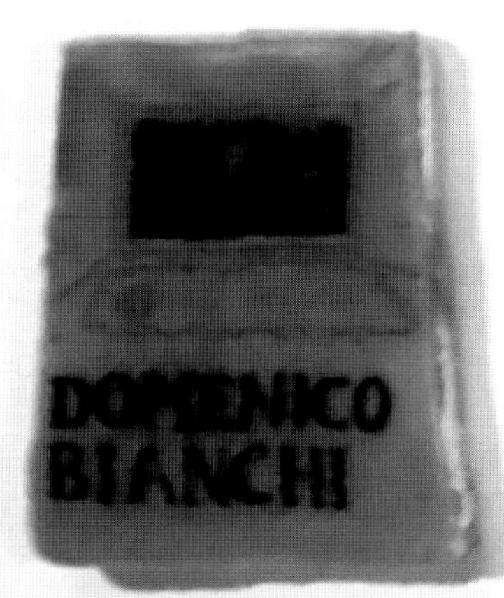
DOMENICO
BIANCHI

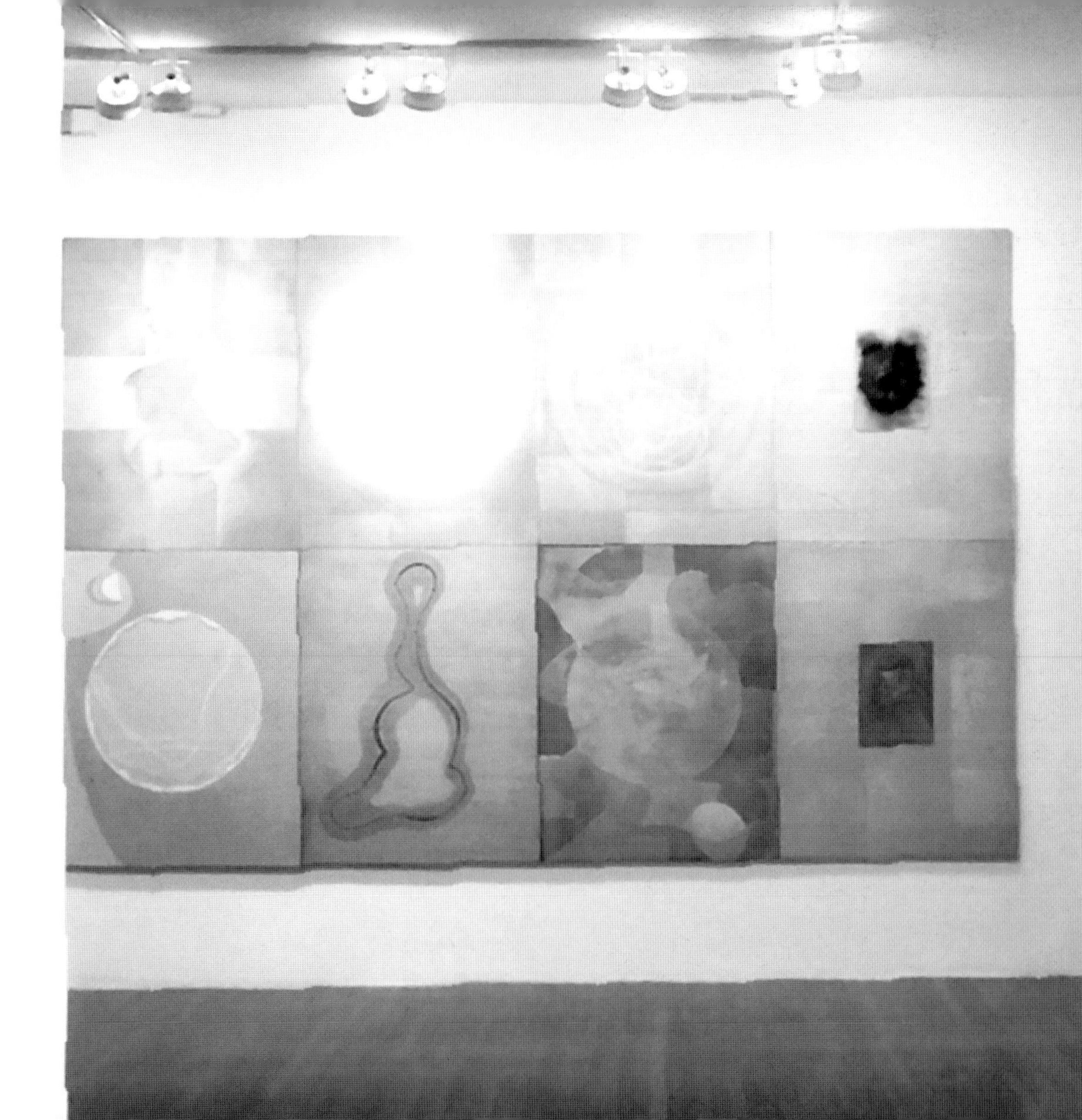

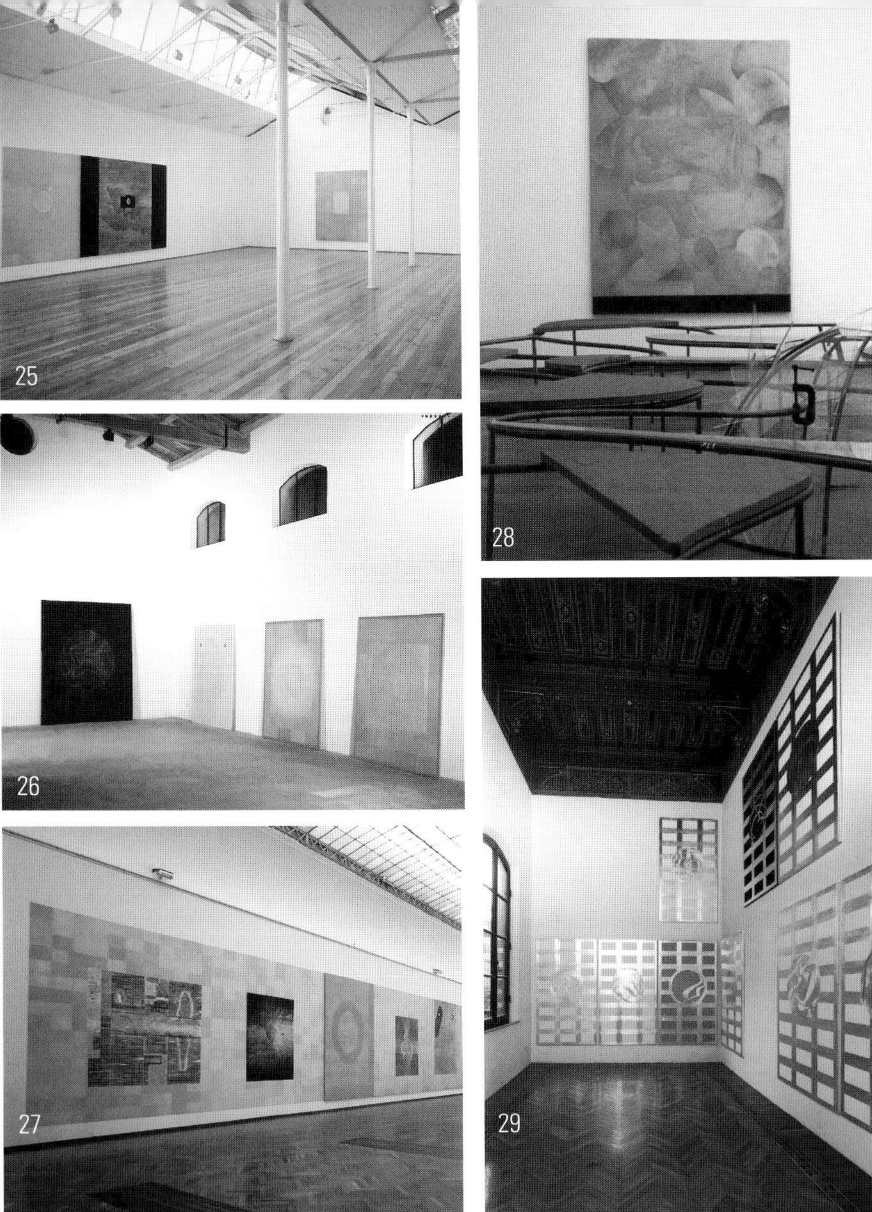

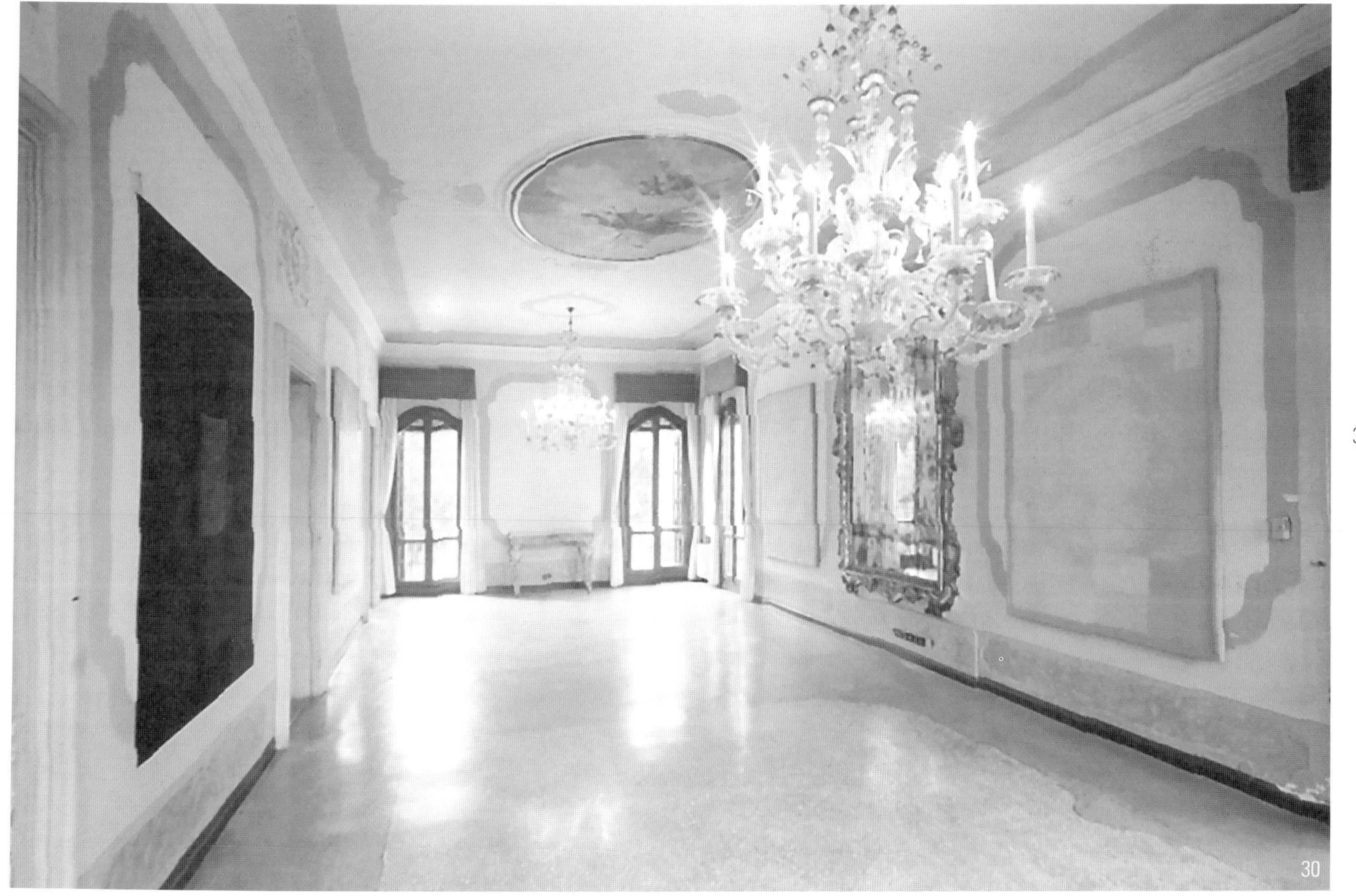

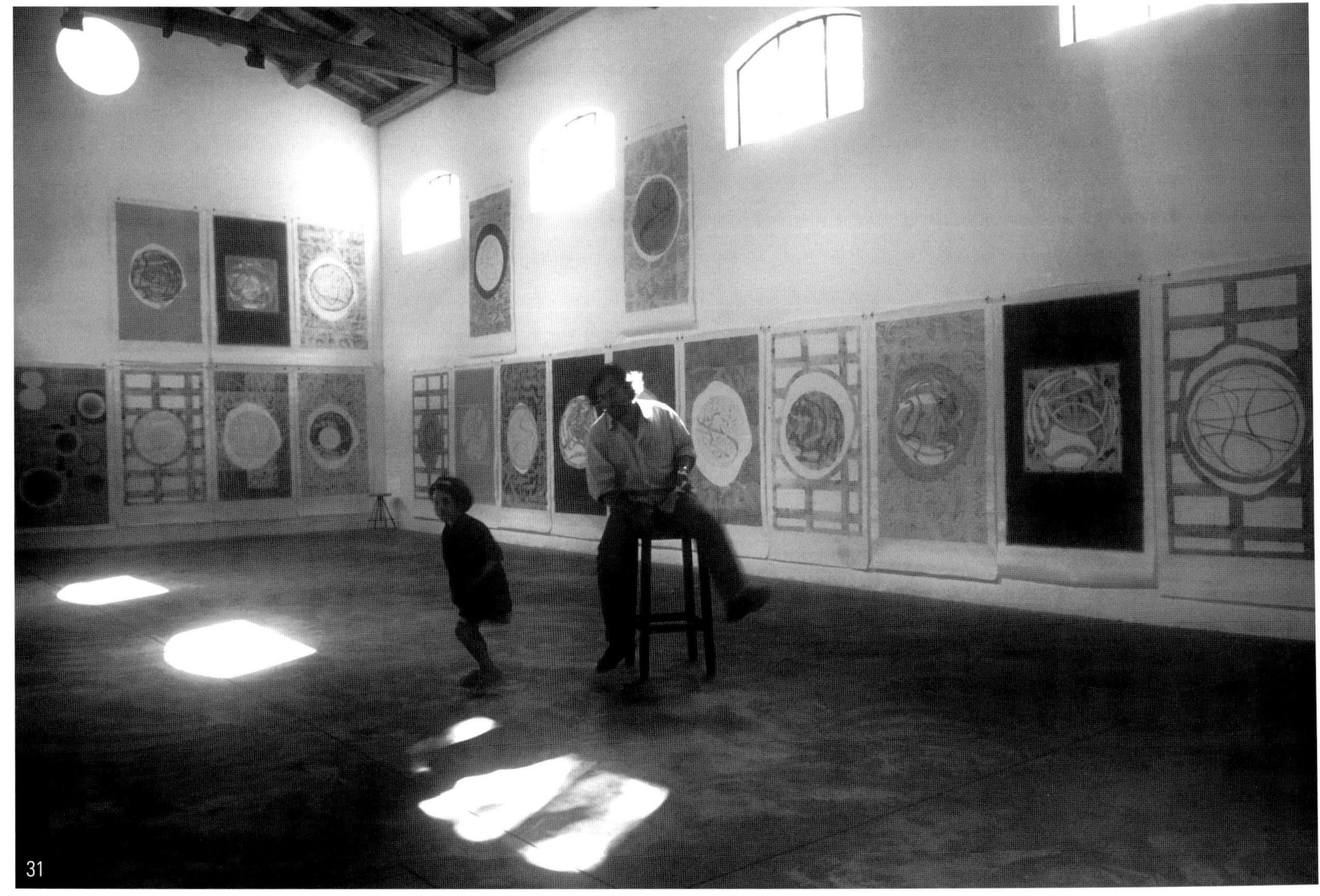

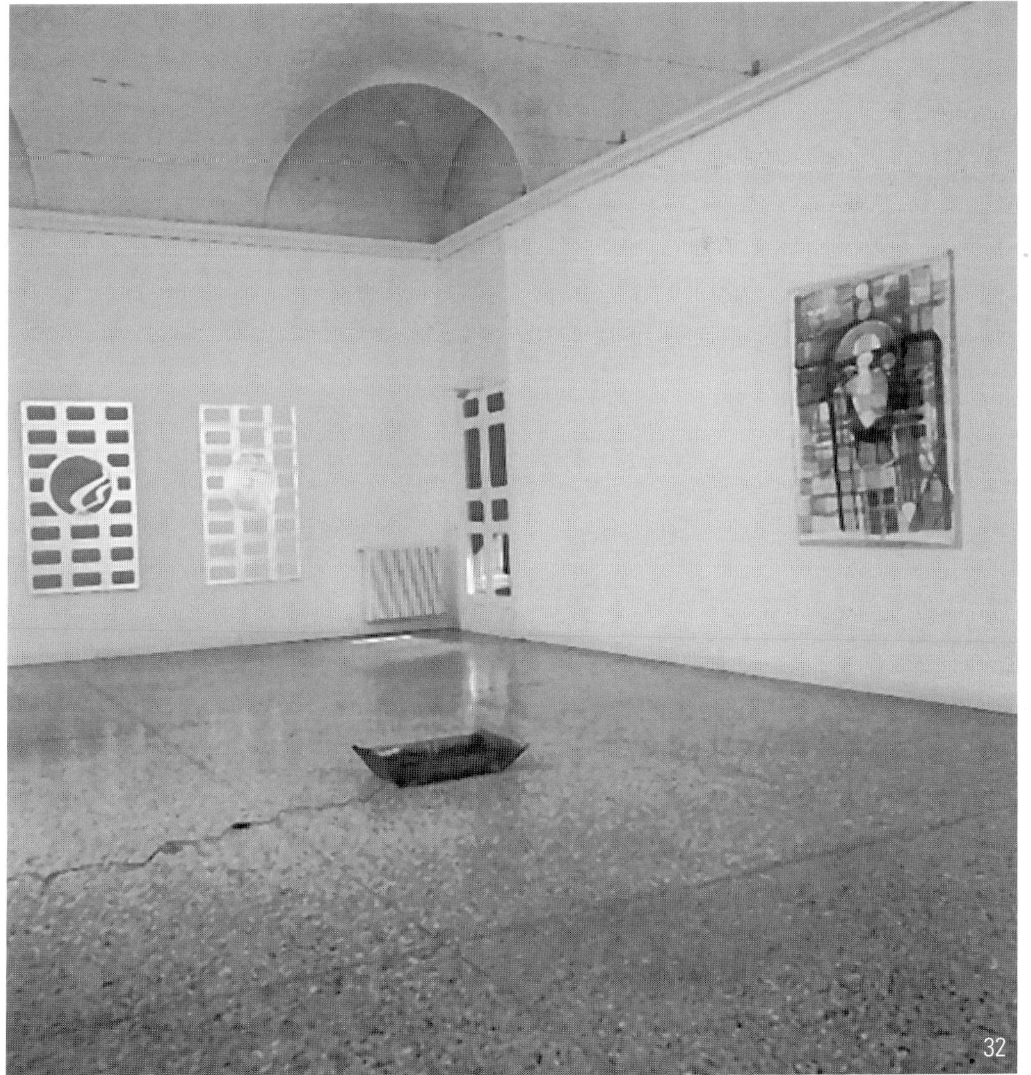

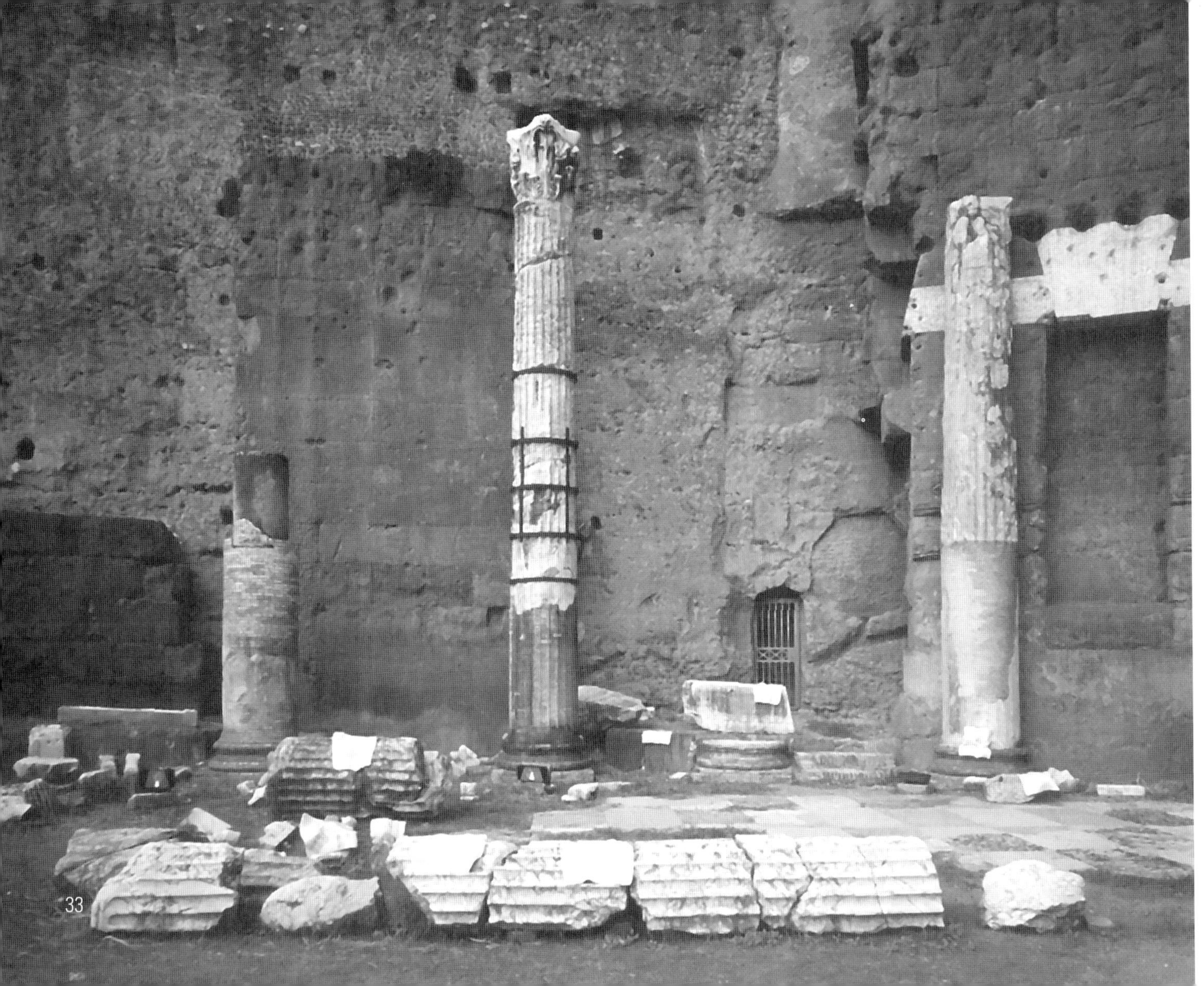

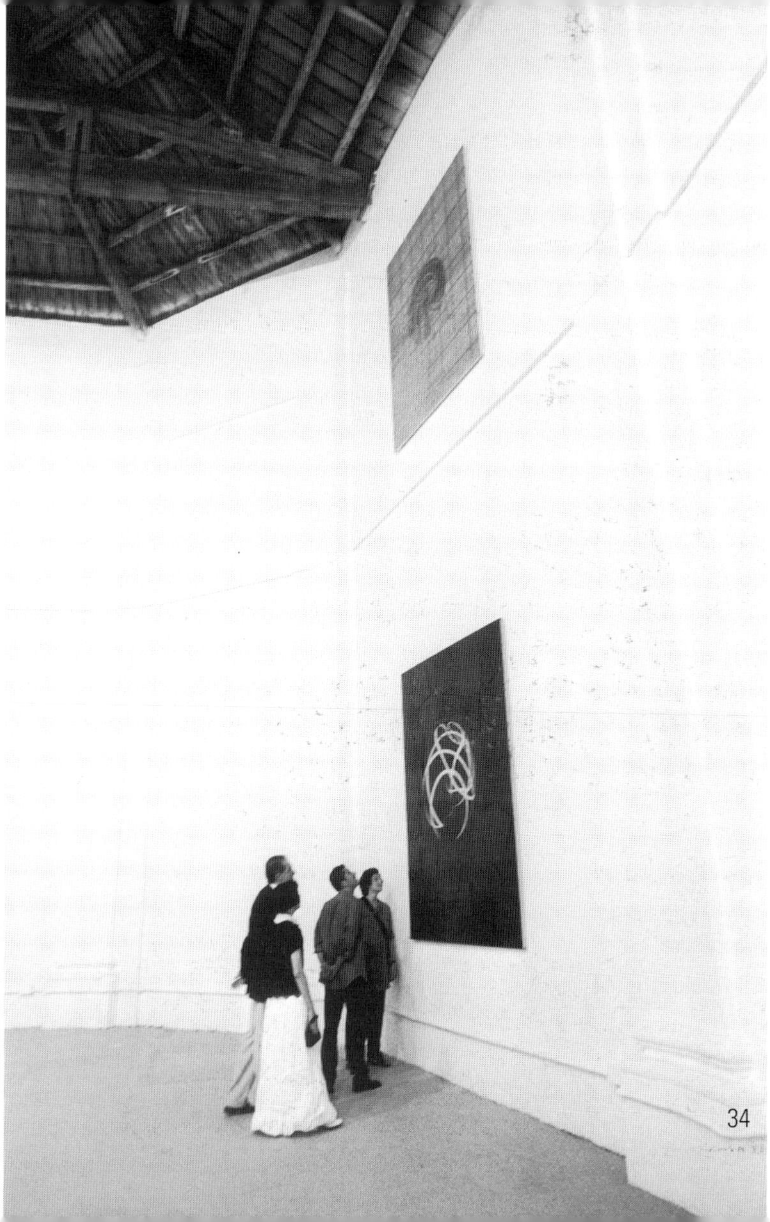

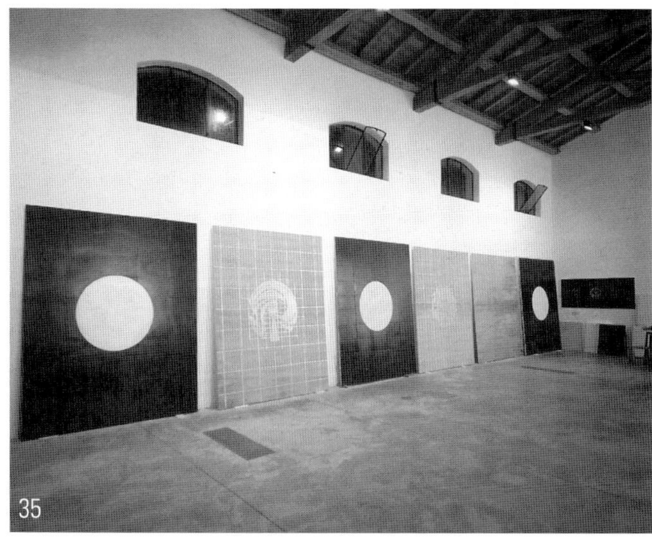

35

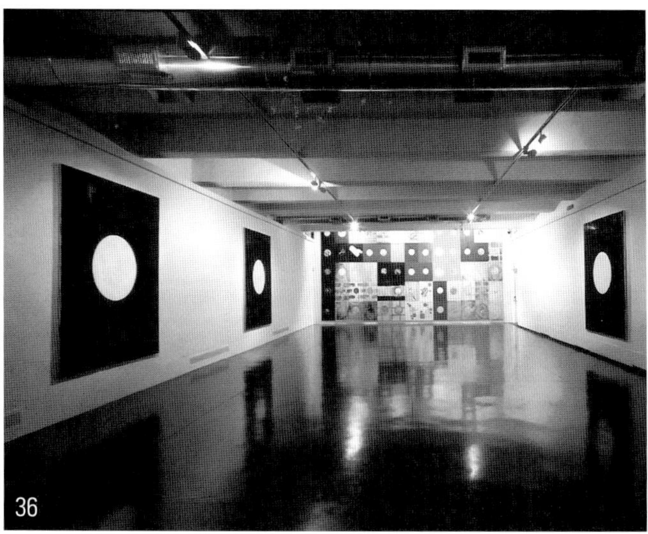

36

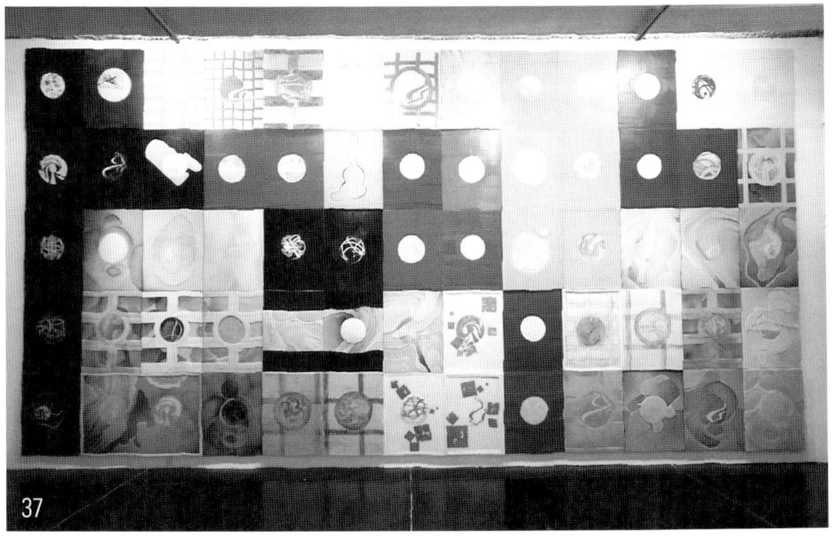

37

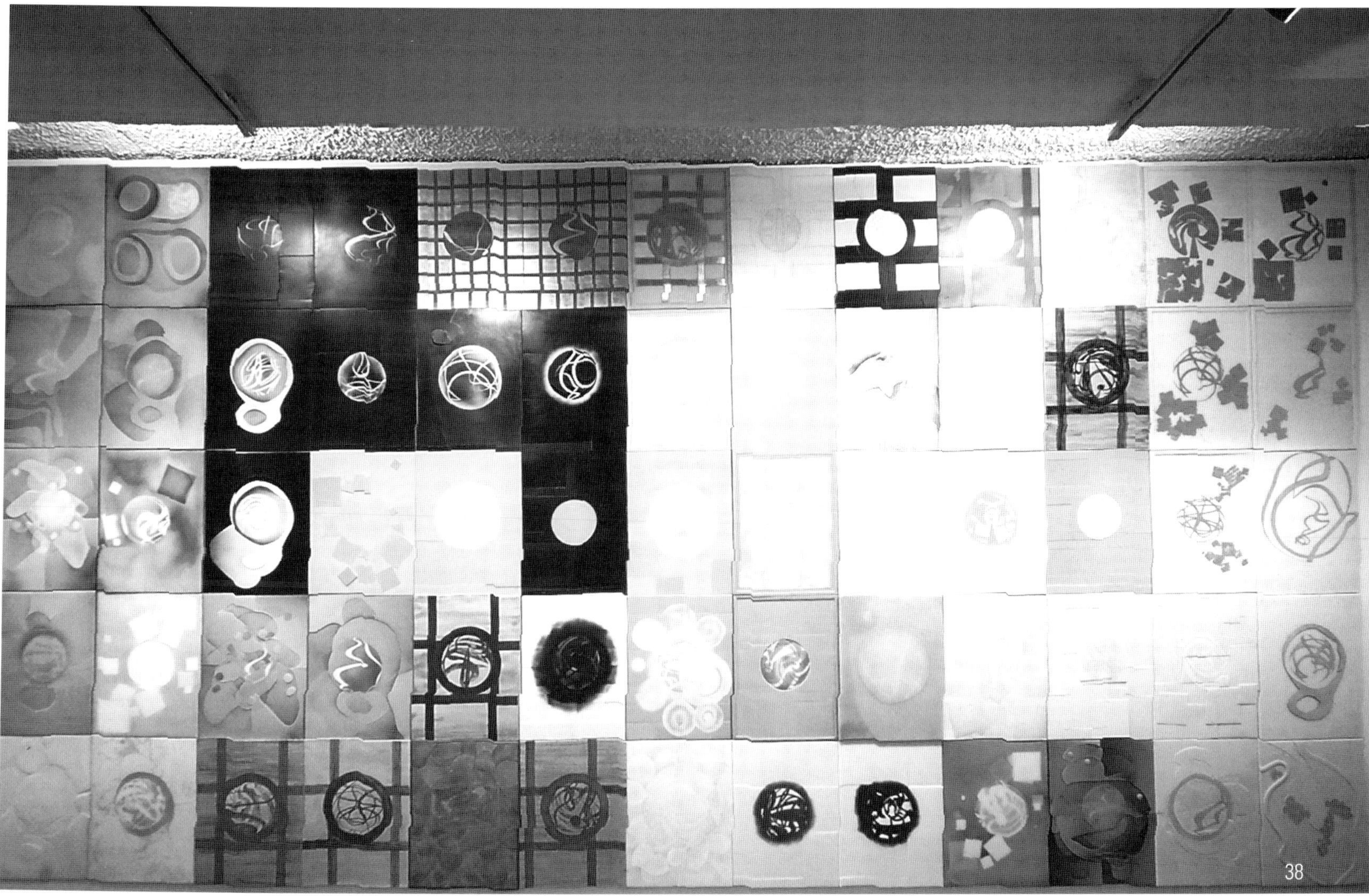

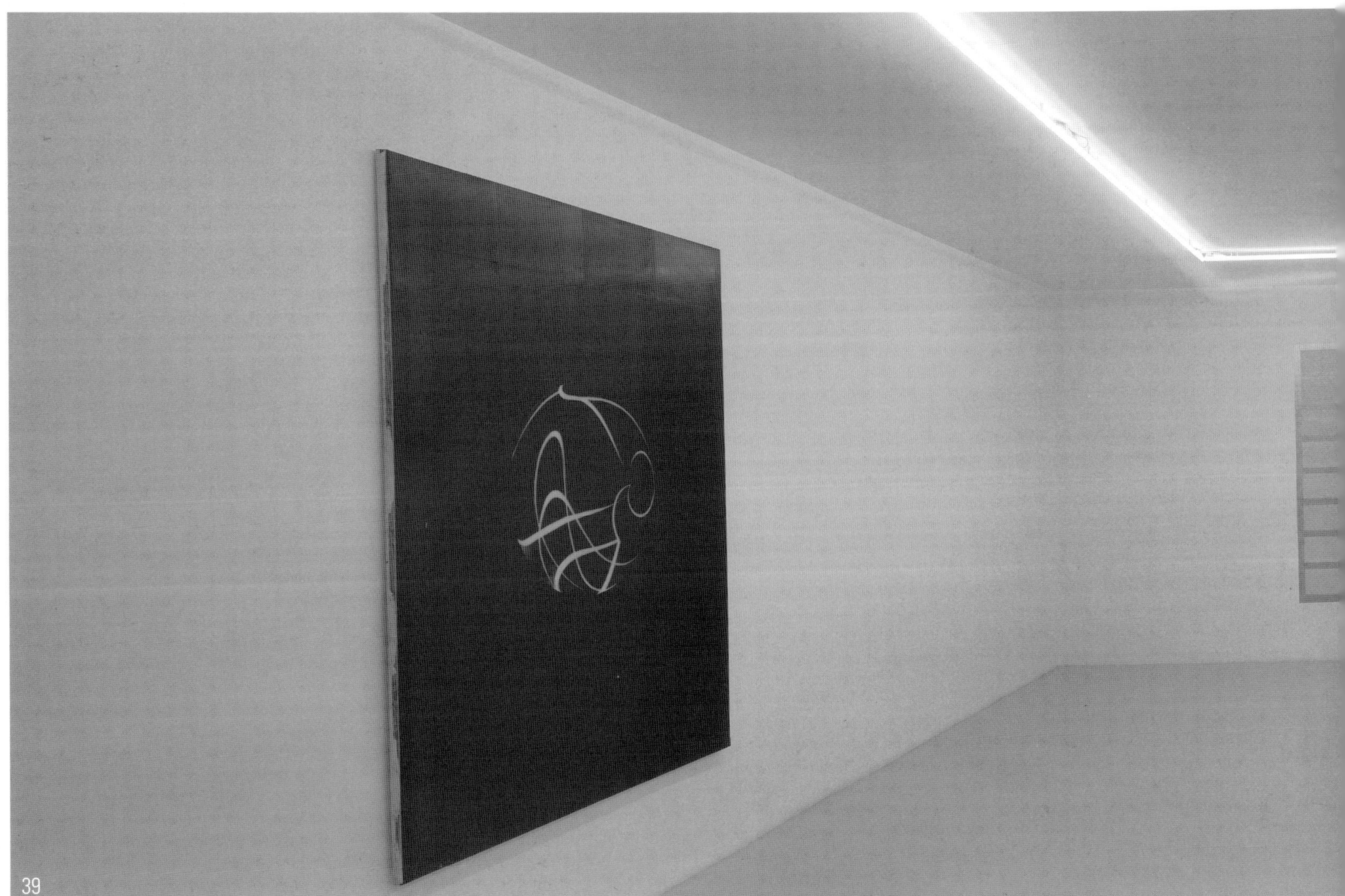

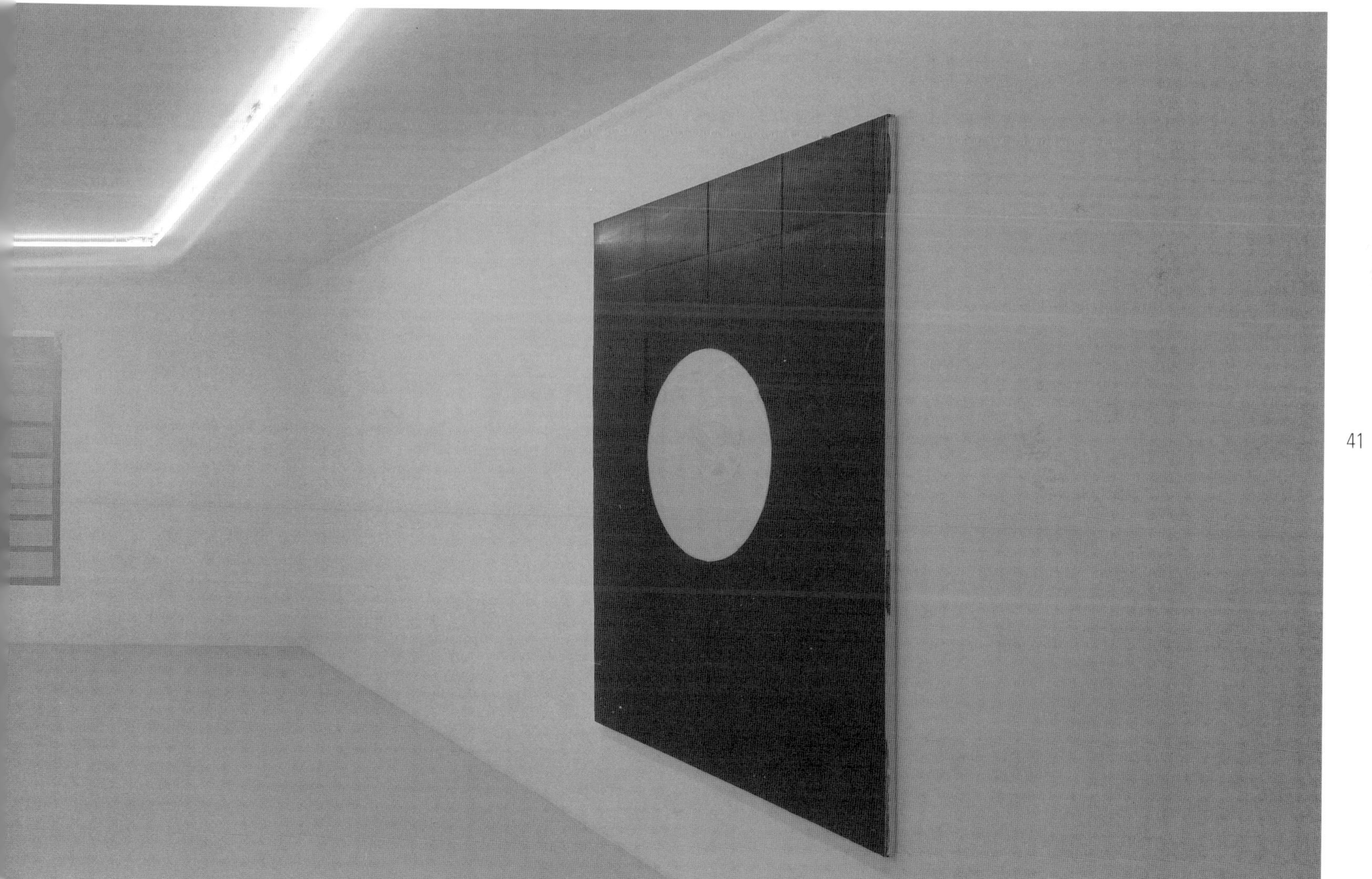

Mario Merz

Opere in catalogo

Copertina, 16, 18
Senza titolo, 1998
doppio igloo di metallo, fascine, fusione in alluminio, neon
Ø 800 cm

1
Numeri nel bosco, 2003
struttura in tubolare di metallo, neon, plexiglas
installazione permanente, Mönchsberg, Salzburg

2
Coccodrillo, 1989
coccodrillo imbalsamato, neon
Mario Merz: a retrospective, Solomon R. Guggenheim Museum, New York,
28.09-26.11.1989

3
Igloo di pietra, 1982
struttura semisferica in tubolare di metallo, pietra, morsetti
Ø 450 cm
Documenta 7, Museum Fridericianum, Kassel, 19.06-28.09.1982
Coll. Kröller-Müller Museum, Otterlo

4
Tavolo per il telefono, 1989
metallo, vetro, pietra, fascine
81x270x300 cm
I monti pallidi, Palazzo delle Esposizioni, Rovereto (Trento), 1.01-31.05.1989

5
Suite de Fibonacci, 1994
neon
installazione permanente, Strasbourg

6
Igloo di Rotterdam, 1988
struttura metallica semisferica, pietra, morsetti, vetro
Beelden in der stad, Rotterdam, 13.05-1.10.1988

7
Senza titolo, 1998
doppio igloo di metallo, fascine, cervo impagliato, neon
Ø 800 cm
Mario Merz, Fundação de Serralves, Porto, 6.02.1999

8
Igloo de Las Alhajas, 1982
struttura semisferica in tubolare di metallo, vetri, morsetti, fascine, lose, pane
Correspondencias. 5 arquitectos, 5 escultores, Palacio de Las Alhajas,
Madrid, 19.10-15.11.1982
Coll. Centro de Arte Reina Sofía, Madrid

9
Igloo Ticino, 1990
struttura semisferica in acciaio, pietra, morsetti
Ø 330 cm
installazione permanente, Galerie Tschudi, Glarus

10
*L'acqua, fa e protegge, disfa ma spinge fa crescere le piantagioni immense
della bellissima Ninfea Cornea Speciosa*, 1989
struttura in tubolare di ferro, vetro, ninfee
Ø 505 cm
Hortus Artis, Arboreto dell'Orto Botanico, Torino, 14.09.1989

11
Fibonacci sequence 1/55, 1994
neon
installazione permanente, Turku

12
Senza titolo, 2003
legno, metallo
G2003. Mostra Internazionale d'Arte all'aperto, Vira Gambarogno, 20.07-
31.12.2003
Coll. Galerie Tschudi, Glarus

13-14
Un segno nel Foro di Cesare, 2003
neon
Giganti. Arte Contemporanea nei Fori Imperiali, Fori Imperiali, Roma, 16.04-
30.06.2003

15
Igloo Fontana, 2002
struttura semisferica in acciaio inox, porfido, marmo, rame crudo, neon
Ø 1200 cm
installazione permanente, Corso Lione/Corso Mediterraneo, Torino

Mario Merz

Works in the catalogue

Cover, 16, 18
Without title, 1998
double igloo in metal, faggots, cast aluminium, neon
800 cm diameter

1
Numeri nel bosco (Numbers in the forest), 2003
tubular metal structure, neon, Plexiglas
permanent installation Mönchsberg, Salzburg

2
Coccodrillo (Crocodile), 1989
embalmed crocodile, neon
Mario Merz: a retrospective, Solomon R. Guggenheim Museum, New York,
28.09-26.11.1989

3
Igloo di pietra (Stone igloo), 1982
dome structure in tubular metal, stone, clamps
Ø 450 cm
Documenta 7, Museum Fridericianum, Kassel, 19.06-28.09.1982
Kröller-Müller Museum Coll., Otterlo

4
Tavolo per il telefono (Telephone table), 1989
metal, glass, stone, faggots
81x270x300 cm
I monti pallidi, Palazzo delle Esposizioni, Rovereto (Trento), 1.01-31.05.1989

5
Fibonacci suite, 1994
neon
permanent installation, Strasbourg

6
Rotterdam igloo, 1988
dome structure in metal, stone, clamps, glass
Beelden in der stad, Rotterdam, 13.05-1.10.1988

7
Without title, 1998
double igloo in metal, faggots, stuffed deer, neon
Ø 800 cm
Mario Merz, Fundação de Serralves, Porto, 6.02.1999

8
Las Alhajas igloo, 1982
dome-shaped tubular metal structure, glass, clamps, faggots, stone slabs,
bread
Correspondencias. 5 arquitectos, 5 escultores, Palacio de Las Alhajas,
Madrid, 19.10-15.11.1982
Centro de Arte Reina Sofía Coll., Madrid

9
Ticino igloo, 1990
dome structure in steel, stone, clamps
Ø 330 cm
permanent installation, Galerie Tschudi, Glarus

10
*L'acqua, fa e protegge, disfa ma spinge fa crescere le piantagioni immense
della bellissima Ninfea Cornea Speciosa* (Water, creates and protects, it
undoes yet drives forward, and feeds the immense plantations of beautiful
Nymphaea Cornea Speciosa), 1989
tubular iron structure, glass, water lilies
Ø 505 cm
Hortus Artis, Arboretum of the Botanical Garden, Turin, 14.09.1989

11
Fibonacci sequence 1/55, 1994
neon
permanent installation, Turku

12
Without title, 2003
wood, metal
G2003. Mostra Internazionle d'Arte all'aperto, Vira Gambarogno, 20.07-
31.12.2003
Galerie Tschudi Coll., Glarus

13-14
Un segno nel Foro di Cesare (A Sign in Caesar's Forum), 2003
neon
Giganti. Arte Contemporanea nei Fori Imperiali, Imperial Forums, Rome,
16.04-30.06.2003

15
Igloo Fontana (Fontana igloo), 2002
dome structure in stainless steel, porphyry, marble, crude copper, neon
Ø 1200 cm
permanent installation, Corso Lione/Corso Mediterraneo, Turin

Domenico Bianchi

Note tecniche sulle immagini in catalogo
a cura di Sandra Urbani Bianchi e Costantino D'Orazio

Copertina, 17
Senza titolo, 2003, legno e palladio, 250x200 cm
Senza titolo, 2003, legno e palladio, 250x200 cm
Senza titolo, 2003, legno e palladio, 250x200 cm
Senza titolo, 2003, legno e palladio, 250x200 cm
Senza titolo, 2002, legno e palladio, 250x200 cm
Senza titolo, 2002, legno e palladio, 250x200 cm
Senza titolo, 2002, legno e palladio, 250x200 cm
Senza titolo, 1999, cera e oro bianco su fibra di vetro, 250x200 cm
Senza titolo, 2002, cera su fibra di vetro, 164x204 cm
Senza titolo, 2002, cera su fibra di vetro, 164x204 cm
Senza titolo, 2002, cera su fibra di vetro, 164x204 cm

Installazione presso il Castello Svevo, Sala Angioina, Bari, 30.04-30.06.2004

19
Senza titolo (particolare), 1987, stucco su fibra di vetro, olio su tela, legno
inciso a cera, 400x1200 cm

20
Senza titolo, 1987, xilografia su carta, 250x200 cm
Senza titolo, 1987, xilografia su carta, 250x200 cm
Senza titolo, 1987, xilografia su carta, 250x330 cm

21
Senza titolo, 1987-89, xilografia su carta, 250x330 cm

22
Senza titolo, 1988, cera e olio su fibra di vetro, 330x450 cm

Le immagini 19, 20, 21 e 22 si riferiscono alla mostra personale dell'artista
presso il Museo d'Arte Contemporanea Castello di Rivoli dal 5 ottobre 1989,
a cura di Rudi H. Fuchs, Johannes Gachnang e Cristina Mundici.

Le opere dell'artista presenti in mostra erano:
Senza titolo, 1987, stucco su fibra di vetro, olio su tela, legno inciso a cera,
400x1200 cm
Senza titolo, 1987-89, xilografia su carta, 250x200 cm (in mostra erano
presenti 9 opere dalle medesime dimensioni e tecnica, realizzate tra il 1987
e il 1989)
Senza titolo, 1987-89, xilografia su carta, 250x330 cm (in mostra erano
presenti 2 opere dalle medesime dimensioni e tecnica, realizzate tra il 1987
e il 1989)

Senza titolo, 1989, cera su fibra di vetro, 250x200 cm
Senza titolo, 1989, pigmenti su fibra di vetro, 250x200 cm
Senza titolo, 1988, cera e olio su fibra di vetro, 330x450 cm

In contemporanea alla personale di Domenico Bianchi, presso il Castello di
Rivoli si svolgevano altre quattro mostre personali di Alan Charlton, Günther
Forg, Barbara Kruger, Toon Verhoef, illustrate nel medesimo catalogo con
testi di Donald Kuspit, Rudi H. Fuchs, Johannes Gachnang, Cristina Mundici.

23
Senza titolo, 1988, xilografia, inchiostro litografico su carta giapponese,
250x200 cm
Senza titolo, 1989, cera su fibra di vetro, 250x330 cm

Fotografia realizzata in occasione della mostra personale dell'artista, dal
titolo *New Painting*, presso la Sperone Westwater Gallery, New York, dall'8
aprile 1989.

Le opere dell'artista presenti in mostra erano:
Senza titolo, 1987, cera su fibra di vetro, 250x200 cm
Senza titolo, 1988, legno inciso e cera, 250x200 cm
Senza titolo, 1988, xilografia, inchiostro litografico su carta giapponese,
250x200 cm
Senza titolo, 1988, xilografia, inchiostro litografico su carta giapponese,
250x200 cm
Senza titolo, 1989, legno inciso e cera, 250x200 cm
Senza titolo, 1989, cera su fibra di vetro, 250x330 cm
Senza titolo, 1989, cera su fibra di vetro, 250x200 cm
Senza titolo, 1989, cera su fibra di vetro, 250x200 cm

24
Senza titolo, 1990, cera su fibra di vetro, 140x110 cm
Senza titolo, 1990, cera su fibra di vetro, 140x110 cm
Senza titolo, 1990, cera su fibra di vetro, 140x110 cm
Senza titolo, 1990, cera su fibra di vetro, 140x110 cm
Senza titolo, 1990, cera su fibra di vetro, 140x110 cm
Senza titolo, 1990, cera su fibra di vetro, 140x110 cm
Senza titolo, 1990, cera e gesso su fibra di vetro, 140x110 cm
Senza titolo, 1990, cera e gesso su fibra di vetro, 140x110 cm

Fotografia realizzata in occasione della mostra personale dell'artista presso
la L.A. Louver Gallery, Venice, California, dal 20 ottobre 1990.

Le opere dell'artista presenti in mostra erano:
Senza titolo, 1990, cera e gesso su fibra di vetro, 140x110 cm (in mostra
erano presenti 2 opere dalle medesime dimensioni e tecnica, realizzate nel
1990)
Senza titolo, 1990, cera su fibra di vetro, 140x110 cm (in mostra erano

presenti 8 opere dalle medesime dimensioni e tecnica, realizzate nel 1990)
Senza titolo, 1990, legno inciso e cera, 140x160 cm (in mostra erano
presenti 2 opere dalle medesime dimensioni e tecnica, realizzate nel 1990)

25
Senza titolo, 1990, cera e gesso su fibra di vetro, 250x200 cm
Senza titolo, 1990, legno inciso e cera, 250x330 cm
Senza titolo, 1990, xilografia, 250x200 cm

Fotografia realizzata in occasione della mostra personale dell'artista presso
la Galleria Christian Stein, Milano, 1990.

Le opere dell'artista presenti in mostra erano:
Senza titolo, 1990, cera su fibra di vetro, 250x200 cm
Senza titolo, 1990, cera e gesso su fibra di vetro, 250x200 cm (in mostra
erano presenti 2 opere dalle medesime dimensioni e tecnica, realizzate nel
1990)
Senza titolo, 1990, legno inciso e cera, 250x330 cm
Senza titolo, 1990, xilografia, 250x200 cm

26
Fotografia realizzata nello studio dell'artista nel 1992.
Nello studio sono presenti le seguenti opere:
Senza titolo, 1992, cera su fibra di vetro, 204x164 cm
Senza titolo, 1992, cera su fibra di vetro, 204x164 cm
Senza titolo, 1992, cera su fibra di vetro, 204x164 cm
Senza titolo, 1992, legno inciso e inchiostro, 250x200 cm

27
Senza titolo, 1987, xilografia su carta, 250x330 cm
Senza titolo, 1987, xilografia su carta, 250x200 cm
Senza titolo, 1987, stucco su fibra di vetro, olio su tela, legno inciso a cera,
400x1200 cm

Fotografia realizzata in occasione della mostra personale dell'artista presso
lo Stedelijk Museum Amsterdam (29.04-30.06.1994) a cura di Rudi H. Fuchs
e Marja Bloem.
La mostra personale di Domenico Bianchi presso lo Stedelijk Museum
Amsterdam faceva parte del progetto *Couplet*, giunto in quella occasione
alla seconda edizione. Il progetto prevedeva la presentazione nelle sale del
museo di cinque mostre personali dedicate, oltre che a Bianchi, anche a
Carl Andre, Peter Hujar, Joan Jonas e Brice Marden. Le mostre personali di
questi artisti si svolgevano nelle sale del museo, spesso in dialogo con le
opere della collezione permanente di arte moderna: alcune opere di Bianchi
si trovavano infatti in sale con opere di Pablo Picasso e Vasilij Kandinskij.
In contemporanea, all'interno del medesimo progetto *Couplet*, il museo
ospitava una mostra collettiva con opere di Willi Baumeister, Gunter Brus,

James Lee Byars, Anton Corbijn, Jean Dubuffet, Dominique Gonzales-
Foerster, Jos Kruit, Erik van Lieshout, Alberto Magnelli, Mario Merz, Royden
Rabinowitch, Charlotte Schleiffert, Kurt Schwitters, Pierre Soulanges,
Antoni Tàpies, Niele Toroni. La mostra era illustrata da un catalogo con
testi di Rudi H. Fuchs e Sergio Risaliti.

Le opere dell'artista presenti in mostra erano:
Senza titolo, 1987, xilografia su carta, 250x330 cm
Senza titolo, 1987, xilografia su carta, 250x200 cm
Senza titolo, 1987, olio e cera su tela, 256x217 cm
Senza titolo, 1988-89, olio e cera su fibra di vetro, 480x363 cm
Senza titolo, 1989, olio e cera su fibra di vetro, 245x200 cm
Senza titolo, 1989, olio e cera su fibra di vetro, 286x220 cm
Senza titolo, 1989, olio e cera su fibra di vetro, 236,5x198 cm
Senza titolo, 1990, olio e cera su fibra di vetro, 250x200 cm
Senza titolo, 1991, olio e cera su fibra di vetro, 250x200 cm
Senza titolo, 1991, olio e cera su fibra di vetro, 250x200 cm
Senza titolo, 1991, olio e cera su fibra di vetro, 250x196 cm
Senza titolo, 1992, inchiostro e legno inciso, 250x200 cm
Senza titolo, 1993, olio e cera su fibra di vetro, 204x164 cm
Senza titolo, 1993, olio e cera su fibra di vetro, 250x200 cm
Senza titolo, 1993, bronzo, 250x200 cm
Senza titolo, 1987, stucco su fibra di vetro, olio su tela, legno inciso a cera,
400x1200 cm
Senza titolo, 1994, olio e cera su fibra di vetro, 250x200 cm
Senza titolo, 1994, olio e cera su fibra di vetro, 250x200 cm
Senza titolo, 1994, olio e cera su fibra di vetro, 250x200 cm

28
Mario Merz, *Casa del torrente* (particolare), 1994, struttura in tubolare
metallico, vetro, ardesia, 118x600x1300 cm
Senza titolo, 1989, olio e cera su fibra di vetro, 286x220 cm

Fotografia realizzata in occasione della mostra collettiva *Couplet 2* presso lo
Stedelijk Museum Amsterdam, 1994. L'immagine si riferisce a una sala in
cui la mostra personale di Domenico Bianchi si incrociava con la mostra
collettiva (vedi didascalia fotografia 27), presentando nella medesima sala
un'opera di Bianchi e una di Mario Merz.

29
Senza titolo, 1996-98, olio e argento su tela, 200x110 cm
Senza titolo, 1996-98, olio e argento su tela, 200x110 cm
Senza titolo, 1996-98, olio e argento su tela, 200x110 cm
Senza titolo, 1996-98, olio e argento su tela, 200x110 cm
Senza titolo, 1996-98, olio e argento su tela, 200x110 cm
Senza titolo, 1996-98, olio e argento su tela, 200x110 cm
Senza titolo, 1996-98, olio e argento su tela, 200x110 cm

Senza titolo, 1996-98, olio e argento su tela, 200x110 cm
Senza titolo, 1996-98, olio e argento su tela, 200x110 cm

Fotografia realizzata in occasione della mostra *Itinere 1* presso Palazzo delle
Papesse - Centro di Arte Contemporanea, Siena, dal 21 novembre 1998, a
cura di Sergio Risaliti.
Gli altri artisti in mostra erano Jannis Kounellis, Mimmo Paladino e Giulio
Paolini.
La mostra costituiva l'appuntamento di inaugurazione del museo ed era
illustrata da un catalogo con testi di Sergio Risaliti e Pier Giovanni
Castagnoli.

Le opere dell'artista presenti in mostra erano:
Senza titolo, 1996-98, olio e argento su tela, 200x110 cm (in mostra erano
presenti 11 opere dalle medesime dimensioni e tecnica, realizzate tra il
1996 e il 1998)

30
Fotografia realizzata in occasione della mostra *Itinerario*, presso Villa
Widmann Rezzonico Foscari, Mira, Venezia, dall'8 giugno 1995, a cura di
Sergio Risaliti.

Alle pareti si vedono le seguenti opere:
Senza titolo, 1991, cera su fibra di vetro, 204x164 cm
Senza titolo, 1991, cera su fibra di vetro, 204x164 cm
Senza titolo, 1992, legno inciso e inchiostro litografico, 204x164 cm
Senza titolo, 1994-95, bronzo e xilografia, 204x164 cm

In contemporanea alla Biennale di Venezia del 1995, Sergio Risaliti curò la
mostra *Itinerario*, aprendo al pubblico Villa Widmann Rezzonico Foscari,
dove Domenico Bianchi, Giulio Paolini e Bernhard Rüdiger furono invitati a
realizzare per l'occasione alcune opere che dialoghino con gli ambienti
settecenteschi della villa.
La mostra era illustrata da un catalogo con testi di Sergio Risaliti e Laura
Cherubini.

Le opere dell'artista presenti in mostra erano:
Senza titolo, 1991, cera su fibra di vetro, 204x164 cm
Senza titolo, 1991, cera su fibra di vetro, 204x164 cm
Senza titolo, 1992, legno inciso e inchiostro litografico, 204x164 cm
Senza titolo, 1993, cera su fibra di vetro, 206x164 cm
Senza titolo, 1994, cera su fibra di vetro, 60x80 cm
Senza titolo, 1994, olio e cera su fibra di vetro, 204x164 cm
Senza titolo, 1995, olio e cera su fibra di vetro, 204x164 cm
Senza titolo, 1995, olio e cera su fibra di vetro, 60x80 cm
Senza titolo, 1994-95, bronzo e xilografia, 204x164 cm

31
Domenico Bianchi con la figlia Maria Lucia, 1995

Fotografia realizzata presso lo studio dell'artista. Alle pareti si vedono 19 acquarelli su carta giapponese di dimensioni 110x190 cm.

32
Domenico Bianchi, *Senza titolo*, olio e argento su tela, 200x110 cm
Domenico Bianchi, *Senza titolo*, olio e argento su tela, 200x110 cm
Marisa Merz, *Senza titolo*, tecnica mista su carta
Marisa Merz, *Fontana*, violino di cera, piombo, filo di rame, acqua

Fotografia realizzata in occasione della mostra *Domenico Bianchi - Marisa Merz*, presso la Galleria Christian Stein, Milano, dal 5 febbraio 1998.
Dell'artista erano presenti in mostra 4 opere corrispondenti alle seguenti caratteristiche:
Senza titolo, olio e argento su tela, 200x110 cm

33
L'immagine presenta le opere realizzate dall'artista nel Foro di Augusto nell'anno 2001 in occasione della mostra *Giganti. Arte Contemporanea nei Fori Imperiali* presso gli Scavi dei Fori Imperiali, Roma, dal 2 ottobre 2001, a cura di Ludovico Pratesi, Silvana Rizzo e Alessandra Maria Sette.
La mostra prevedeva l'apertura al pubblico degli Scavi dei Fori Imperiali a Roma, dove cinque artisti erano stati invitati a realizzare ciascuno un'opera in dialogo con l'architettura antica dei Fori. Ogni artista aveva a disposizione un Foro, secondo il seguente schema: Marina Abramovic - Foro di Cesare, Domenico Bianchi - Foro di Augusto, Joseph Kosuth - Foro di Traiano, Maurizio Mochetti - Foro della Pace, Michelangelo Pistoletto - Foro di Nerva.
La mostra era illustrata da un catalogo con testi di Ludovico Pratesi, Silvana Rizzo, Alessandra Maria Sette e Angela Vettese.
Domenico Bianchi realizzò nove "fogli" in ceramica, dipinti con il proprio segno pittorico, poggiati su alcuni frammenti di marmo del Foro di Augusto. Le opere, come fossero elementi abbandonati da tempo all'interno del sito, avevano preso la forma dei reperti archeologici, a memoria di un passaggio e di una presenza antica.

Dell'artista erano presenti in mostra 11 opere corrispondenti alle seguenti caratteristiche:
Senza titolo, 2001, argilla bianca con rivestimento vetroso satinato, serigrafia e pittura a mano in platino, 33x33 cm circa

34
Senza titolo, 1999, cera e olio su fibra di vetro, 250x200 cm
Senza titolo, 2002, palladio su legno, 250x200 cm

Fotografia realizzata in occasione della mostra personale dell'artista presso il Centro Arti Visive Pescheria, Pesaro, dal 20 luglio 2002, a cura di Ludovico Pratesi.
La mostra era illustrata da una pubblicazione in formato pieghevole, che riproduceva il volume dello spazio espositivo in scala ridotta, con un testo di Ludovico Pratesi.

Le opere dell'artista presenti in mostra erano:
Senza titolo, 1999, cera e olio su fibra di vetro, 250x200 cm (in foto)
Senza titolo, 2001, palladio e cera su fibra di vetro, 250x200 cm (in mostra erano presenti 5 opere dalle medesime dimensioni e tecnica, realizzate nel 2001)
Senza titolo, 2002, palladio su legno, 250x200 cm (in mostra erano presenti 3 opere dalle medesime dimensioni e tecnica, realizzate nel 2002)

35
Fotografia realizzata nello studio dell'artista nel 2003

Nello studio si vedono le seguenti opere:
Senza titolo, 2003, cera su fibra di vetro, 250x200 cm (3 opere delle medesime dimensioni e tecnica, realizzate nel 2003)
Senza titolo, 2003, palladio su legno, 250x200 cm (3 opere delle medesime dimensioni e tecnica, realizzate nel 2003)

36
Installazione costituita da 63 opere dalle seguenti caratteristiche:
Senza titolo, 1986-2003, cera su fibra di vetro, 60x80 cm, e da una opera
Senza titolo, 2002, cera su fibra di vetro, 80x120 cm.
Ciascuna opera ha una identità propria e autonoma.

Senza titolo, 2003, cera su fibra di vetro, 250x200 cm
Senza titolo, 2003, cera su fibra di vetro, 250x200 cm
Senza titolo, 2003, cera su fibra di vetro, 250x200 cm

37
Installazione costituita da 63 opere dalle seguenti caratteristiche:
Senza titolo, 1986-2003, cera su fibra di vetro, 60x80 cm e da una opera
Senza titolo, 2002, cera su fibra di vetro, 80x120 cm.
Ciascuna opera ha una identità propria e autonoma.

MACRO - Museo d'Arte Contemporanea, Roma, 2003

38
Installazione costituita da 65 opere dalle seguenti caratteristiche:
Senza titolo, 1986-2003, cera su fibra di vetro, 60x80 cm.
Ciascuna opera ha una identità propria e autonoma.

MACRO - Museo d'Arte Contemporanea, Roma, 2003

Le fotografie 36, 37 e 38 sono state realizzate in occasione della mostra personale dell'artista presso il MACRO - Museo d'Arte Contemporanea, Roma, dal 27 settembre 2003, a cura di Danilo Eccher.
La mostra era illustrata da un catalogo con testi di Pier Giovanni Castagnoli, Danilo Eccher, Rudi H. Fuchs e Rosella Siligato.
Oltre alle opere visibili nelle immagini, in mostra erano presenti:
Senza titolo, 2002, palladio su legno, 250x200 cm
Senza titolo, 2002, palladio su legno, 250x200 cm
Senza titolo, 2003, palladio su legno, 250x200 cm
Senza titolo, 2003, palladio su legno, 250x200 cm

39
Senza titolo, 2004, cera e olio su fibra di vetro, 204x164 cm
Senza titolo, 2004, cera e olio su fibra di vetro, 204x164 cm
Senza titolo, 2004, palladio su carta incollata a muro, 204x164 cm

Fotografia realizzata in occasione della mostra personale dell'artista presso Rizziero Arte, Pescara, 2004.

Domenico Bianchi

Technical notes on the pictures in the catalogue
by Sandra Urbani Bianchi and Costantino D'Orazio

Cover, 17
Untitled, 2003, wood and palladium, 250x200 cm
Untitled, 2003, wood and palladium, 250x200 cm
Untitled, 2003, wood and palladium, 250x200 cm
Untitled, 2003, wood and palladium, 250x200 cm
Untitled, 2002, wood and palladium, 250x200 cm
Untitled, 2002, wood and palladium, 250x200 cm
Untitled, 2002, wood and palladium, 250x200 cm
Untitled, 1999, wax and white gold on fibreglass, 250x200 cm
Untitled, 2002, wax on fibreglass, 164x204 cm
Untitled, 2002, wax on fibreglass, 164x204 cm
Untitled, 2002, wax on fibreglass, 164x204 cm

Installation at Castello Svevo, Sala Angioina, Bari, 30.04-30.06.2004

19
Untitled (detail), 1987, stucco on fibreglass, oil on canvas, wax-engraved
wood, 400x1200 cm

20
Untitled, 1987, wood engraving on paper, 250x200 cm
Untitled, 1987, wood engraving on paper, 250x200 cm
Untitled, 1987, wood engraving on paper, 250x330 cm

21
Untitled, 1987-89, wood engraving on paper, 250x330 cm

22
Untitled, 1988, wax and oil on fibreglass, 330x450 cm

Pictures 19, 20, 21, and 22, are of the artist's one-man show at the Museo
d'Arte Contemporanea Castello di Rivoli, from 5 October 1989, curated by
Rudi H. Fuchs, Johannes Gachnang and Cristina Mundici.

Exhibited works by the artist were:
Untitled, 1987, stucco on fibreglass, oil on canvas, wax-engraved wood,
400x1200 cm
Untitled, 1987-89, wood engraving on paper, 250x200 cm (9 works of the
same size and using the same technique, made between 1987 and 1989,
were exhibited)
Untitled, 1987-89, wood engraving on paper, 250x330 cm (2 works of the
same size and using the same technique, made between 1987 and 1989,
were exhibited)

Untitled, 1989, wax on fibreglass, 250x200 cm
Untitled, 1989, pigments on fibreglass, 250x200 cm
Untitled, 1988, wax and oil on fibreglass, 330x450 cm

At the same time as Domenico Bianchi's one-man show at the Castello di
Rivoli, there were four other one-man shows by Alan Charlton, Günther
Forg, Barbara Kruger, and Toon Verhoef, illustrated in the same catalogue
with texts by Donald Kuspit, Rudi H. Fuchs, Johannes Gachnang, and
Cristina Mundici.

23
Untitled, 1988, wood engraving, lithographic ink on Japanese paper,
250x200 cm
Untitled, 1989, wax on fibreglass, 250x330 cm

Photograph taken during the artist's *New Painting* one-man show, held at
the Sperone Westwater Gallery, New York, from 8 April 1989.

Exhibited works by the artist were:
Untitled, 1987, wax on fibreglass, 250x200 cm
Untitled, 1988, engraved wood and wax, 250x200 cm
Untitled, 1988, wood engraving, lithographic ink on Japanese paper,
250x200 cm
Untitled, 1988, wood engraving, lithographic ink on Japanese paper,
250x200 cm
Untitled, 1989, engraved wood and wax, 250x200 cm
Untitled, 1989, wax on fibreglass, 250x330 cm
Untitled, 1989, wax on fibreglass, 250x200 cm
Untitled, 1989, wax on fibreglass, 250x200 cm

24
Untitled, 1990, wax on fibreglass, 140x110 cm
Untitled, 1990, wax on fibreglass, 140x110 cm
Untitled, 1990, wax on fibreglass, 140x110 cm
Untitled, 1990, wax on fibreglass, 140x110 cm
Untitled, 1990, wax on fibreglass, 140x110 cm
Untitled, 1990, wax on fibreglass, 140x110 cm
Untitled, 1990, wax and plaster on fibreglass, 140x110 cm
Untitled, 1990, wax and plaster on fibreglass, 140x110 cm

Photograph taken during the artist's one-man show at the L.A. Louver
Gallery, Venice, California, from 20 October 1990.

Exhibited works by the artist were:
Untitled, 1990, wax and plaster on fibreglass, 140x110 cm (2 works of the
same size and using the same technique, made in 1990, were exhibited)
Untitled, 1990, wax on fibreglass, 140x110 cm (8 works of the same size
and using the same technique, made in 1990, were exhibited)

Untitled, 1990, engraved wood and wax, 140x160 cm (2 works of the same
size and using the same technique, made in 1990, were exhibited)

25
Untitled, 1990, wax and plaster on fibreglass, 250x200 cm
Untitled, 1990, engraved wood and wax, 250x330 cm
Untitled, 1990, wood engraving, 250x200 cm

Photograph taken during the artist's one-man show at Galleria Christian
Stein, Milan, 1990.

Exhibited works by the artist were:
Untitled, 1990, wax on fibreglass, 250x200 cm
Untitled, 1990, wax and plaster on fibreglass, 250x200 cm (2 works of the
same size and using the same technique, made in 1990, were exhibited)
Untitled, 1990, engraved wood and wax, 250x330 cm
Untitled, 1990, wood engraving, 250x200 cm

26
Photograph taken in the artist's studio in 1992.

The following works were present in the studio:
Untitled, 1992, wax on fibreglass, 204x164 cm
Untitled, 1992, wax on fibreglass, 204x164 cm
Untitled, 1992, wax on fibreglass, 204x164 cm
Untitled, 1992, engraved wood and ink, 250x200 cm

27
Untitled, 1987, wood engraving on paper, 250x330 cm
Untitled, 1987, wood engraving on paper, 250x200 cm
Untitled, 1987, stucco on fibreglass, oil on canvas, wax-engraved wood,
400x1200 cm

Photograph taken during the artist's one-man show at the Stedelijk Museum
Amsterdam (29.04-30.06.1994) curated by Rudi H. Fuchs and Marja Bloem.
Domenico Bianchi's one-man show at the Stedelijk Museum Amsterdam
was part of the *Couplet* project, for this occasion in its second edition. The
project was a presentation of five one-man shows in the rooms of the
museum, which, in addition to Bianchi's, were dedicated to Carl Andre,
Peter Hujar, Joan Jonas and Brice Marden.
These one-man shows, held in the museum itself, often communicated with
the works of modern art in the permanent collections. Some of Bianchi's
works could be found, for example, in rooms with works by Pablo Picasso
and Vasili Kandinsky.
Contemporaneously, as part of the same *Couplet* project, the museum put
on a group show with works by Willi Baumeister, Gunter Brus, James Lee
Byars, Anton Corbijn, Jean Dubuffet, Dominique Gonzales-Foerster, Jos
Kruit, Erik van Lieshout, Alberto Magnelli, Mario Merz, Royden Rabinowitch,

Charlotte Schleiffert, Kurt Schwitters, Pierre Soulanges, Antoni Tàpies, and Niele Toroni. There was a catalogue illustrating the exhibition, with texts by Rudi H. Fuchs and Sergio Risaliti.

Exhibited works by the artist were:
Untitled, 1987, wood engraving on paper, 250x330 cm
Untitled, 1987, wood engraving on paper, 250x200 cm
Untitled, 1987, oil and wax on canvas, 256x217 cm
Untitled, 1988-89, oil and wax on fibreglass, 480x363 cm
Untitled, 1989, oil and wax on fibreglass, 245x200 cm
Untitled, 1989, oil and wax on fibreglass, 286x220 cm
Untitled, 1989, oil and wax on fibreglass, 236,5x198 cm
Untitled, 1990, oil and wax on fibreglass, 250x200 cm
Untitled, 1991, oil and wax on fibreglass, 250x200 cm
Untitled, 1991, oil and wax on fibreglass, 250x200 cm
Untitled, 1991, oil and wax on fibreglass, 250x196 cm
Untitled, 1992, ink and engraved wood, 250x200 cm
Untitled, 1993, oil and wax on fibreglass, 204x164 cm
Untitled, 1993, oil and wax on fibreglass, 250x200 cm
Untitled, 1993, bronze, 250x200 cm
Untitled, 1987, stucco on fibreglass, oil on canvas, wax-engraved wood, 400x1200 cm
Untitled, 1994, oil and wax on fibreglass, 250x200 cm
Untitled, 1994, oil and wax on fibreglass, 250x200 cm
Untitled, 1994, oil and wax on fibreglass, 250x200 cm

28

Mario Merz, *Casa del torrente* (House of the Stream), detail, 1994, tubular metal structure, glass, slate, 118x600x1300 cm
Untitled, 1989, oil and wax on fibreglass, 286x220 cm

Photograph taken during the *Couplet 2* group show at the Stedelijk Museum Amsterdam, 1994. The picture shows a room in which Domenico Bianchi's one-man show intersected with a group show (see caption to photograph 27), which in the same room presented one work by Bianchi and another by Mario Merz.

29

Untitled, 1996-98, oil and silver on canvas, 200x110 cm
Untitled, 1996-98, oil and silver on canvas, 200x110 cm
Untitled, 1996-98, oil and silver on canvas, 200x110 cm
Untitled, 1996-98, oil and silver on canvas, 200x110 cm
Untitled, 1996-98, oil and silver on canvas, 200x110 cm
Untitled, 1996-98, oil and silver on canvas, 200x110 cm
Untitled, 1996-98, oil and silver on canvas, 200x110 cm
Untitled, 1996-98, oil and silver on canvas, 200x110 cm
Untitled, 1996-98, oil and silver on canvas, 200x110 cm

Photograph taken during the *Itinere 1* exhibition at the Palazzo delle Papesse - Centro di Arte Contemporanea, Siena, from 21 November 1998, curated by Sergio Risaliti.
Artists on show were Jannis Kounellis, Mimmo Paladino and Giulio Paolini. This exhibition was put on for the inauguration of the museum and was illustrated with a catalogue with texts by Sergio Risaliti and Pier Giovanni Castagnoli.

Exhibited works by the artist were:
Untitled, 1996-98, oil and silver on canvas, 200x110 cm (11 works of the same size and using the same technique, made between 1996 and 1998, were exhibited)

30

Photograph taken during the *Itinerario* exhibition at the Villa Widmann Rezzonico Foscari, Mira, Venice, from 8 June 1995, curated by Sergio Risaliti.

The following works can be seen on the walls:
Untitled, 1991, wax on fibreglass, 204x164 cm
Untitled, 1991, wax on fibreglass, 204x164 cm
Untitled, 1992, engraved wood and lithographic ink, 204x164 cm
Untitled, 1994-95, bronze and wood engraving, 204x164 cm

At the same time as the 1995 Venice Biennial, Sergio Risaliti curated the *Itinerario* exhibition, which saw the opening of Villa Widmann Rezzonico Foscari to the public, and where, for the occasion, Domenico Bianchi, Giulio Paolini and Bernhard Rüdiger were asked to make works that communicated with the villa's eighteenth-century architecture.
There is a catalogue illustrating the exhibition, with texts by Sergio Risaliti and Laura Cherubini.

Exhibited works by the artist were:
Untitled, 1991, wax on fibreglass, 204x164 cm
Untitled, 1991, wax on fibreglass, 204x164 cm
Untitled, 1992, engraved wood and lithographic ink, 204x164 cm
Untitled, 1993, wax on fibreglass, 206x164 cm
Untitled, 1994, wax on fibreglass, 60x80 cm
Untitled, 1994, oil and wax on fibreglass, 204x164 cm
Untitled, 1995, oil and wax on fibreglass, 204x164 cm
Untitled, 1995, oil and wax on fibreglass, 60x80 cm
Untitled, 1994-95, bronze and wood engraving, 204x164 cm

31

Domenico Bianchi with daughter Maria Lucia, 1995
Photograph taken in the artist's studio. 19 watercolours on Japanese paper (110x190 cm) can be seen on the walls.

32

Domenico Bianchi, *Untitled*, oil and silver on canvas, 200x110 cm
Domenico Bianchi, *Untitled*, oil and silver on canvas, 200x110 cm
Marisa Merz, *Untitled*, mixed technique on paper
Marisa Merz, *Fontana* (Fountain), wax violin, lead, copper wire, water

Photograph taken during the *Domenico Bianchi - Marisa Merz* exhibition at Galleria Christian Stein, Milan, from 5 February 1998.

Four works by the artist were present in the exhibition, with the following characteristics:
Untitled, oil and silver on canvas, 200x110 cm

33

The picture presents the works made by the artist in the Augustus Forum, in 2001, for the exhibition *Giganti. Arte Contemporanea nei Fori Imperiali* at the Imperial Forums excavation site, Rome, from 2 October 2001, curated by Ludovico Pratesi, Silvana Rizzo and Alessandra Maria Sette.
The exhibition coincided with the opening to the public of the Imperial Forums excavation site in Rome. Five artists were asked to create a work that communicated with the ancient architecture of the Forums. Each artist was assigned one forum, as follows: Marina Abramovic - Caesar's Forum, Domenico Bianchi - the Augustus Forum, Joseph Kosuth - Trajan's Forum, Maurizio Mochetti - Forum of Peace, Michelangelo Pistoletto - Nerva's Forum
There is a catalogue illustrating the exhibition, with texts by Ludovico Pratesi, Silvana Rizzo, Alessandra Maria Sette and Angela Vettese.
Domenico Bianchi made nine ceramic "sheets", painted with symbols that are typical of the artist's style, which rested on marble fragments in the Augustus Forum. The works, like features of the site itself, abandoned by time, looked like archaeological exhibits that recalled the passage of an ancient presence.

Eleven works by the artist were present in the exhibition, with the following characteristics:
Untitled, 2001, white clay with glassy satin covering, hand-made silk-screen printing and painting in platinum, *circa* 33x33 cm

34

Untitled, 1999, wax and oil on fibreglass, 250x200 cm
Untitled, 2002, palladium on wood, 250x200 cm

Photograph taken during the artist's one-man show at the Centro Arti Visive Pescheria, Pesaro, from 20 July 2002, curated by Ludovico Pratesi.
A brochure illustrating the exhibition reproduced the exhibition space in reduced scale, with a text by Ludovico Pratesi.

Exhibited works by the artist were:

Untitled, 1999, wax and oil on fibreglass, 250x200 cm (in the photograph)
Untitled, 2001, palladium and wax on fibreglass, 250x200 cm (5 works of
the same size and using the same technique, made in 2001, were exhibited)
Untitled, 2002, palladium on wood, 250x200 cm (3 works of the same size
and using the same technique, made in 2002, were exhibited)

35

Photograph taken in the artist's studio in 2003

The following works can be seen in the studio:
Untitled, 2003, wax on fibreglass, 250x200 cm (3 works of the same size
and using the same technique, made in 2003)
Untitled, 2003, palladium on wood, 250x200 cm (3 works of the same size
and using the same technique, made in 2003)

36

Installation comprising 63 works with the following characteristics:
Untitled, 1986-2003, wax on fibreglass, 60x80 cm, and one work *Untitled*,
2002, wax on fibreglass, 80x120 cm.
Each item is a work in its own right with its own identity.

Untitled, 2003, wax on fibreglass, 250x200 cm
Untitled, 2003, wax on fibreglass, 250x200 cm
Untitled, 2003, wax on fibreglass, 250x200 cm

37

Installation comprising 63 works with the following characteristics:
Untitled, 1986-2003, wax on fibreglass, 60x80 cm, and one work *Untitled*,
2002, wax on fibreglass, 80x120 cm.
Each item is a work in its own right with its own identity.

MACRO - Museo d'Arte Contemporanea, Rome, 2003

38

Installation of 65 works with the following characteristics:
Untitled, 1986-2003, wax on fibreglass, 60x80 cm.
Each item is a work in its own right with its own identity.

MACRO - Museo d'Arte Contemporanea, Rome, 2003

Photographs 36, 37 and 38 were taken during the artist's one-man show at
the MACRO - Museo d'Arte Contemporanea, Rome, from 27 September
2003, curated by Danilo Eccher.
There is a catalogue illustrating the exhibition with texts by Pier Giovanni
Castagnoli, Danilo Eccher, Rudi H. Fuchs and Rosella Siligato.

In addition to the works illustrated, exhibited works were:

Untitled, 2002, palladium on wood, 250x200 cm
Untitled, 2002, palladium on wood, 250x200 cm
Untitled, 2003, palladium on wood, 250x200 cm
Untitled, 2003, palladium on wood, 250x200 cm

39

Untitled, 2004, wax and oil on fibreglass, 204x164 cm
Untitled, 2004, wax and oil on fibreglass, 204x164 cm
Untitled, 2004, palladium on paper glued to the wall, 204x164 cm

Photograph taken during the artist's one-man show at Rizziero Arte,
Pescara, 2004.